CLAUDIA IWER

Sag,

wann

hört es auf?

Roman nach
einer wahren
Geschichte

Bitburg, 2005. Kathrin und Philipp stehen kurz vor dem Abitur, als sie sich ineinander verlieben. Die Liebe ist groß, doch sie hat keine Zukunft. Erst trennt sie das Schicksal, später die eigene Mutlosigkeit. Obwohl sie nicht zusammen sein können, bleiben sie über Jahre miteinander verbunden. Über ICQ, SMS oder Xing schaffen sie sich eine Welt, die es in der Realität nie gegeben hat. Selbst als Kathrin eine neue Liebe findet und sogar heiratet, bleibt Philipp ein Teil von ihr. Er ist vielleicht ihr Kryptonit-Mensch. Doch wie entkommt man ihm? Und muss man das überhaupt?

Claudia Iwer erzählt in diesem Entwicklungsroman die wahre, siebzehn Jahre währende Geschichte der fröhlichen, unkonventionellen Kathrin zum Glück.

Claudia Iwer
c/o WirFinden.Es
Naß und Hellie GbR
Kirchgasse 19
65817 Eppstein

ISBN: 9798853021679
Imprint: Independently published
Lektorin: Johanna Furch | Wortwühlmaus
Korrektorat: Agentur Autorenträume
Bildmaterial: Canva
www.claudia-iwer.de

Prolog

Bitburg, September 2005

»Warum willst du mich nicht?« Er lag auf dem silberfarbenen Futon-Bett, das er vor vier Jahren zu seinem dreizehnten Geburtstag bekommen hatte. Das Metall schon zerkratzt an der Einstiegsstelle. Mehrere Kissen wie ein Sandwich übereinandergestapelt, weil sie es so mochte. Trotzdem war es unbequem. Die Matratze. Die Decke. Die Kissen sowieso. Die rochen jetzt immer nach ihr, obwohl sie selbst nie hier gewesen war. Aber ihr Schal war es. Phillip presste das Handy auf seine Brust. Genau, wie sie es in diesem Moment tat. Das hatte sie ihm vor wenigen Minuten geschrieben. Er wusste, wo sie gerade lag. Kannte die Anzahl und Anordnung der Kissen auf ihrem Bett. Wusste, was sie hörte, und sogar, wie sie fühlte. Ihre Gedanken streiften wie seine mit Silbermond durch die Nacht. Sie liebte ihn. Das wusste er. Und doch hatten sie keine Zukunft.

Sein Kopf war auf seine verschränkten Arme gebettet. Er brauchte Abstand von dem duftenden Kissen. Abstand von ihr.

»Ich werde mit ihm reden«, hatte sie gesagt und er hatte ihr geglaubt.

»Und dann werden wir beide zusammen sein«, hatte sie geschworen und er hatte es gehofft. Am Ende würde es ein unerfüllter Jugendtraum bleiben.

Seit einigen Wochen hatten sie sich heimlich getroffen, Zärtlichkeiten ausgetauscht. Flüchtige Küsse. Verliebte Blicke. Innige Küsse. Verzweifelte Blicke. Immer in der Hoffnung auf irgendetwas.

Wenn er sie umarmte, konnte er seinen Kopf auf ihren ablegen. Es war geradezu symbiotisch. Sie fügten sich ineinander wie ein Puzzle. Das wollte er nicht nur heimlich. Er wollte es immer. Also hatte sie heute mit ihrem Freund reden wollen. Ihm sagen, dass ihre Zeit abgelaufen war. Dass es Zeit war für Neues. Doch ehe sie es hatte aussprechen können, war ihr Freund zu ihren Eltern gefahren. Er hatte ihnen sein Leid geklagt und sie hatten ihm beigestanden. Anstatt ihrer Tochter die Entscheidung zu überlassen, wen sie lieben durfte, hatten sie ihr ins Gewissen geredet. Und sie hatte es geduldet. Und nun traute sich das sonst so mutige, witzige, intelligente Mädchen nicht, ihrem Freund, mit dem sie nichts weiter verband als gemeinsame Erinnerungen, für immer fortzuschicken.

Phillip nahm sein Handy von seiner Brust und tippte wieder.

»01101001011000110…«

Es war ein Binärcode. Die meisten Mädchen, die er kannte, würden ihn nicht verstehen. Sie schon.

Er bedeutete: »Ich liebe dich.«

Kapitel 1

Bitburg, April 2006

»Wo bist du denn mit deinen Gedanken, Kathrin?«, fragte ihre Mutter, die die Enden ihres Abiballkleides nach unten zog.

Sie schluckte. »Ähm, nirgendwo.« Dann strich sie über den roten, glatten Stoff. Er glänzte. Eigentlich mochte sie das nicht, aber es passte zum Anlass. Das Kleid war deutlich zu lang. Kathrin war das gewöhnt. Hosen und Kleider jedweder Art mussten ausnahmslos gekürzt werden. Sie war knapp über winzig. Komprimiert auf das Wesentliche. Das war nicht immer so gewesen. Als sie ihrer Mutter vor achtzehn Jahren entschlüpft war, staunte man eher über ihre enorme Länge. Hebammen und Ärzte hatten prophezeit, dass dieses siebenundfünfzig Zentimeter große Baby mal zu einer überdurchschnittlich großen Frau heranwachsen würde. Nicht einmal einen Meter hatte sie in ihrer gesamten Kindheit und Jugend dazugewonnen. Irgendwann hatte sie einfach aufgehört zu wachsen. Endstation: 1,53 Meter.

Für ihren Abiball wollte Kathrin ein Kleid, das fröhlich war. Dieses hier war es. In den vergangenen Monaten war sie viel zu oft traurig gewesen. Auch wenn man ihr das nicht angesehen hätte. Nach außen hin war sie die flippig-fröhliche Kathrin geblieben, offen und unangepasst. Ein richtiger Freigeist, der

Veränderungen so sehr brauchte wie das Orchester seine Posaunen, Flöten oder Streicher. Während alle ihre Klassenkameraden anlässlich der WM in Deutschland-Trikots durch die Gegend liefen, trug Kathrin eines der Türkei. Nicht, weil sie Fan der türkischen Mannschaft gewesen wäre, sondern weil sie gern anders aussah als alle anderen. Feindliche Blicke ignorierte sie gekonnt. Das tat sie immer.

Innerlich hatte Kathrin häufig gelitten. Nicht wegen der Blicke, sondern wegen Phillip.

Erst vor wenigen Wochen hatte sie den Mut gehabt, sich von Robert zu trennen. Elf Monate und zwei Wochen zu spät. Denn Phillip war nun weg. Er war vor einem Jahr – als aus ihnen nichts wurde – umgezogen. Eine kurze Nachricht. »Ich ziehe mit meiner Mutter nach Köln.« Das war's. Kathrin gäbe alles darum, noch einmal zurückkehren zu können. Und zwar zu dem Tag, an dem sie Robert verlassen wollte und gekniffen hatte.

Sie war in die Küche ihrer Eltern gekommen. Ihr Lieblingsort im Haus, weil es dort die besten Gerüche gab. Beide hatten einen Kaffeebecher in der Hand. Beide hatten sie angesehen, als hätte sie Tierbabys gequält. Das schlechte Gewissen traf sie frontal, obwohl sie die Vorwürfe noch gar nicht gehört hatte. Wenn ihre Eltern sie so ansahen, musste etwas Schlimmes passiert und Kathrin der Auslöser gewesen sein.

»Robert ist da gewesen.« Ihre Mutter kam direkt zur Sache. Robert ist da gewesen mit einer Befürchtung im Gepäck, die sogar sie als Eltern getroffen hatte. Er glaubte, dass Kathrin ihn verlassen wollte. Ein anderer Mann würde sich zwischen sie drängen. Sofort kehrte die Enge in Kathrins Brust zurück, die immer dann kam, wenn sie nach einem heimlichen Date zu Robert zurückgekehrt war.

Diese Enge erschwerte ihr das Atmen. Es war, als würde sie in unbekanntes, schwer durchschaubares Gewässer geworfen werden und verzweifelt versuchen, aufzutauchen, um Luft zu schnappen. Doch ein Strudel zog sie wieder und wieder in die

Tiefe, bereit, ihr gänzlich den Atem zu nehmen. Ihr Gewissen war erbarmungslos. Zurecht. Deswegen wollte sie es beenden. Nicht nur für sich, auch für ihn.

Aber Robert war schneller gewesen.

Ihre Eltern hätten sagen können, dass das Leben nun mal so spielte. Liebe kam und ging wie die Sonne und der Regen. Aber es war wohl so, dass auch Eltern sich von Zeit zu Zeit als ein Teil der Beziehung fühlten. Litten Eltern mit, wenn sie dem Partner des eigenen Kindes Lebewohl sagen mussten? So musste es wohl sein. Wie sonst ließe sich die Fürsprache zugunsten ihres Freundes deuten?

»Ihr seid nun schon so lange zusammen, Kathrin. Willst du das wirklich alles aufgeben?«, hatte ihr Vater gefragt. Kathrin hätte »Ja« sagen sollen. »Die Liebe ist weg«, hätte sie antworten wollen. Doch alles, was sie gesagt hatte, war: »Ich weiß es nicht.«

Technisch gesehen, hatte ihre anachronistische Beziehung dann fortbestanden. Emotional gesehen, war sie an Phillip hängen geblieben. Nach fast einem Jahr des Ringens hatte sie es endlich geschafft, sich von ihrem Langzeitfreund Robert loszusagen.

Das war nun drei Monate her. Erst kam das Leiden, dann die Erleichterung, später die Enttäuschung, weil Phillip auf ihre Nachrichten nicht reagiert hatte, und schließlich Michael.

Michael war sicherlich nicht die Idealbesetzung als Partner. Unstet in seinen Gedanken. Manchmal schien er überhaupt nicht zu denken, nur zu träumen. Das war wahrscheinlich der Grund gewesen, warum sie sich ihm nach endlos scheinenden, traurigen Monaten zugewendet hatte. Sein Entfliehen in eine Phantasiewelt mit Zauberern, Elfen und Weltraumgestalten zog auch sie selbst von Zeit zu Zeit mit hinein. Es tat gut, manchmal die Realität nebensächlich sein zu lassen. Die Zeit half dabei. Und die Traurigkeit verblasste. Auch wenn sie nicht gänzlich verschwunden war.

Der glänzende Stoff ihres Kleides spannte über ihrem Bauch. Als sie darüberstrich, fühlte sie das Bauchnabelpiercing, das sie seit ihrem dreizehnten Lebensjahr hatte. Im Internet hatte sie gelesen, dass man das Piercing herausnehmen sollte während einer Schwangerschaft. Dabei war sie nie schwanger gewesen, sie hatte das verhindert. Vor über einem Jahr war sie bei ihrer Gynäkologin gewesen und hatte »Ich brauche die *Pille danach*« gesagt. Ihre Ärztin hatte keine Fragen gestellt. Kathrin war dankbar dafür. Sie brauchte keine Vorwürfe oder Belehrungen. Immerhin hatte sie verhütet. Doch das dünne Band der Lust hatte der Unvernunft nicht standgehalten. Also musste sie eine Schwangerschaft verhindern. Die Einnahmehinweise der Ärztin hallten wie gedämpfter Schall in ihren Ohren. Viel präsenter war in diesem Augenblick das bedrohliche Auf und Ab ihrer Bauchregion, das wie ein Magen-Darm-Infekt auf sie einwirkte. Was wäre, wenn genau in diesem Augenblick ihr Körper dabei gewesen war, Leben entstehen zu lassen? Kathrin hatte es aufgehalten und sich mit der Frage gequält, ob es richtig gewesen war. Ob man Leben aufhalten durfte.

Sie wusste heute, über ein Jahr später, dass es die richtige Entscheidung gewesen war, die *Pille danach* zu nehmen. Sie war nicht bereit, Mutter zu werden. Heute nicht und damals erst recht nicht. Ihr Verstand wusste, dass sie keine Schwangerschaft abgebrochen, sondern verhindert hatte. Aber warum fühlte es sich dann noch immer so falsch an?

»Ich nehme das Kleid.« Ohne in den Spiegel gesehen zu haben, ging sie zurück in die Umkleidekabine.

»Willst du nicht auch das blaue Kleid probieren?«, fragte ihre Mutter noch.

»Nicht nötig. Das hier überzeugt mich völlig.«

In der Umkleidekabine setzte sie sich auf den kleinen Holzhocker und holte ihr Handy hervor.

»Hast du dich mal gefragt, wie alt unser Baby jetzt wäre?«, tippte sie in ihr Handy. Wahrscheinlich schrieb sie eine Nachricht ins Nichts. Auf ihre letzte Nachricht hatte er wahrscheinlich deshalb nicht reagiert, weil er eine andere Nummer hatte. Es musste so sein.

Sie legte es in ihren Schoß und starrte auf die weiße Kabinenwand. Braune Streifen auf Kniehöhe durchzogen die helle Fläche, als wären Kinder mit ihren dreckigen Schuhen über die Wand gestreift. Ihre kleine Schwester hatte ähnliche Spuren an der Rückseite des Fahrersitzes im Auto hinterlassen. Kinder machten immer Dreck. Ständig musste man hinterherputzen.

Das Handy auf ihrem Schoß brummte. »Acht Wochen.«

Kathrin starrte auf den neonblauen Bildschirm und spürte eine gewaltige Gefühlswelle in sich aufsteigen. Sie drückte mit Daumen und Zeigefinger auf ihren Nasenflügel.

»Brauchst du auch einen Bolero?«, rief ihre Mutter von draußen.

Kathrin sah auf den dunkelgrünen, schweren Samtvorhang, hinter dem ihre Mutter gerade stand und alles für sie gab. Sie schüttelte den Kopf, wohlwissend, dass ihre Mutter das gar nicht sehen konnte. »Ich nehme meinen schwarzen.« Erstickte Stimme. Näselnder Klang. Doch ihre Mutter schien es da draußen nicht zu bemerken.

»Es ist dein Abiball, Kathi. Da lassen Papa und ich einen neuen springen.«

Kathrin starrte auf das Handy. »Okay«, sagte sie und holte tief Luft. Ihr Baby wäre nun acht Wochen alt gewesen. Das Leben eines Hirschkäfers war in derselben Zeit bereits vorbei. Das Kinderleben hatte gar nicht erst entstehen dürfen.

Freitagabend war Partyabend. Wie jeden Freitag verbrachten Kathrin und ihre Mädels die Nacht in ihrem zweiten Zuhause, der ›Kajüte‹. Ihre Mädels waren Julia, Vicky und Alex. An manchen Tagen, wie heute, war auch Steffi dabei. Die Kajüte war eine der größten Diskotheken in der Gegend und trotzdem nicht fußläufig zu erreichen. Wie immer fuhren sie mit dem Auto in die Disko. Wie immer fuhr Kathrin. Sie hatte kein

Problem damit, weil sie mühelos ohne Alkohol Spaß haben konnte. Sie musste sich nicht wöchentlich damit benebeln, nur, um sich selbst und auch allen anderen zu beweisen, dass sie nun erwachsen war.

»Cola für dich, Kathrin?« Irgendjemand bestellte immer für sie mit. Als Dankbarkeit für ihren freiwilligen Fahrdienst. Dafür setzten ihre Mitfahrerinnen sogar ihr Leben auf's Spiel. Das war natürlich übertrieben. Kathrin war eine absolut zuverlässige Fahrerin. Aber sie fuhr rasant. Und zwar so rasant, dass Steffi nach ihrer sicheren Ankunft einmal ein Stoßgebet gen Himmel richtete. »Danke, Gott, dass wir weiterhin leben dürfen.«

In der Folgewoche hatte Steffi dessen ungeachtet wieder ihren Fahrdienst in Anspruch genommen. Kathrin hatte die Rennfahrer-Gene ihres Papas geerbt. Ihr kleiner Opel Tigra war weit entfernt von einem Rennwagen. Aber er sah spritzig aus und sie nannte ihn liebevoll ›Purple Lightning‹. Ihr kleiner ›Purple Lightning‹ war noch nicht lange bei ihr. Kathrin hatte ihn zu ihrem achtzehnten Geburtstag bekommen. Das war in ihrer Gegend nicht ungewöhnlich. Ohne Auto kam man in der Eifel nicht weit.

Während ihres Rundgangs durch den Club – jede hatte inzwischen ein Glas in der Hand – checkten sie die Leute ab. Das hatten sie inzwischen spezialisiert. Kathrin kam sich manchmal vor wie eine Profilerin. Lässig aus der Hosentasche hängender Autoschlüssel an einer Kette? Das sprach dafür, dass er sein Auto mehr lieben würde als die Frau an seiner Seite. Mehrere dicke Ketten und einen ebenfalls dicken Hals? Der Mann gehörte vielleicht zur Mafia. Vielleicht auch nicht. Er passte trotzdem nie in ihr Profil.

Kathrin nahm einen Schluck von ihrer Cola, damit während des Abcheckens nichts über den Glasrand schwappte. Klebrige Cola-Finger waren ihr persönlicher Super-GAU. Gefolgt von harzigem Honig an Fingern. Oder Harz selbst. Deshalb beschränkte sie ihre Waldspaziergänge konsequent auf ein Minimum.

Steffi scannte wie immer die Amerikaner. In der Nähe von Bitburg gab es einen Stützpunkt des amerikanischen Militärs. Steffi war völlig versessen darauf, jemanden von ihnen kennenzulernen. Sie träumte von einem Leben in den Staaten. New York. San Francisco. Völlig egal. Hauptsache Ring am Finger und Hochzeitsglocken. Einmal war es ihr tatsächlich gelungen, einen Ami aufzureißen. Dafür hatte sie, was ihre Ansprüche betraf, sogar einige Abstriche gemacht. Sie hatte ein paar Dates, bei denen es ziemlich schnell exklusiv wurde, wie sie gesagt hatte. Heiraten wollte er sie später trotzdem nicht.

Für ihren Rundgang gingen sie immer zuerst in den obersten von drei Floors. Der war zugleich Kathrins Lieblingsfloor. Hier lief fast ausschließlich Hip Hop. Wenn es nach ihr ginge, hätte der Rundgang hier beendet sein können. Sie wippte bereits im Rhythmus des Takts. Die Cola war längst keine Gefahr mehr. Wenn sie tanzte, durfte das Glas höchstens zur Hälfte gefüllt sein. Es lief ›Sexy Back‹ von Justin Timberlake und Kathrin sang mit. Ihre Laune steigerte sich mit jeder Zeile. Alex führte die Truppe an den an der Seite Herumstehenden vorbei, zwinkerte mal links, mal rechts, und ging zur Treppe.

»Noch schnell zu Ende hören«, rief Kathrin, die das Schlusslicht bildete. Die Truppe blieb stehen. Ein Wippen hier, ein Wippen da. Synchrones Kopfnicken. Ein lautes Schlürfen durch den Strohhalm. Steffi trank sich offenbar Mut an. Ihr Glas war zur Hälfte geleert.

»Kann's losgehen?«, fragte Alex, als der Takt nahtlos in ›Pump it‹ von den Black Eyed Peas übergangen war.

»Das auch noch«, rief Steffi fast schmollend. Kathrin wäre auch geblieben. Tradition war jedoch Tradition. Erst der Rundgang. Danach konnten sie sich den Rest der Nacht im dritten Floor vergnügen. Im zweiten Floor wurde auch Hip Hop gespielt, aber ein weniger eingängiger. Daher war diese Tanzfläche immer etwas dünner besiedelt. Im unteren Floor lief Partymusik. Dieser Bereich war chronisch überfüllt. Am Rand stehend nippen und wippen, war fast nicht möglich. Das war einer der Gründe, warum sie hier seltener waren. Kathrin hatte einen weiteren: Sie wollte sich nicht erinnern. Jeder Besuch im ersten Floor rief ihr ins Gedächtnis, wann sie Phillip zum letzten Mal gesehen hatte. Es war der Tag, nachdem sie ihm klargemacht hatte, dass es eine Trennung zwischen ihr und Robert nicht geben würde. Es lief ›Wonderwall‹ von Oasis. Zwischen ihnen entstand ein hypnotischer Zustand des Schwebens. Als hätten sie ein Video auf Pause gedrückt, und zwar genau an der Stelle, in der sich alles auflöste. In dem Moment hatte sie instinktiv gespürt, dass es noch nicht vorbei war. Was auch immer passieren würde: Eines Tages würden sie sich finden. Und niemand würde sich mehr zwischen sie stellen.

Kapitel 2

Bitburg, Mai 2006

Bio. Abiprüfung. Zu allem Überfluss mündlich. Sie sollte sich konzentrieren. Das musste sie, weil sie sonst nicht bestehen würde. Trotzdem gelang ihr das gerade nicht, weil Phillip sich in ihre Denkareale gepflanzt hatte. Heute war sie, wie üblich bei mündlichen Prüfungen, Einzelkämpferin, weil nur sie den Neun-Uhr-Termin mit den drei Prüfern hatte. Thema der Stunde: Lemminge. Von Zeit zu Zeit fühlte sie sich selbst wie ein Lemming. Sie stürzte sich kopflos ins Unglück, ohne die Konsequenzen zu bedenken. Natürlich hatte sie nicht wissen können, wie sich die Sache mit Phillip entwickeln würde. Das konnte man nie. Man konnte ihr nicht vorwerfen, dass sie sich blindlings einer breiten Masse anschließen würde. Sie hatte ihren eigenen Kopf, tat Dinge nur, wenn sie fest davon überzeugt war.

Kathrin sah auf ihre Uhr. Noch fünfunddreißig Minuten. Genug Zeit, um an Phillip *und* Bio zu denken.

Kathrin wusste noch genau, wie es mit ihm angefangen hatte im vergangenen Jahr. Ein Teil der Klasse war nach der Schule noch zusammen in den Park gegangen. Lachende Kinder. Bellende Hunde. Pralle Sonne. Er sah sie an. Schon zum dritten Mal an dem Nachmittag. Kathrin hatte wegen der warmen

Maisonne ein auffällig geblümtes Spaghettiträgerkleid mit einem tiefen Ausschnitt angezogen. Sie wusste, dass die Jungs gern einen Blick riskierten. Das machte ihr nichts aus.

Einige der Jungs hatten Bier getrunken. Auch die Mädchen. Kathrin war eher für Eis zu haben. Zwei Sorten: Vanille und Erdbeere.

»Dein Eis tropft, Kathrin.« Alex zeigte auf die Stelle an der Waffel, an der das Eis tatsächlich schon gefährlich weich geworden war. Kathrin leckte einmal um die ganze Waffel.

Schon wieder ein Blick. Kathrin kannte ihn. Der Junge ging in ihre Parallelklasse. Er wirkte oft ernst. Nicht nur, wenn er sie ansah, sondern generell. Ernster Blick, breite Statur. Dazu ziemlich groß. Er hätte Türsteher sein können oder einer der Jungs, die beim Fußball immer breitbeinig vor dem Stadion standen und nichts taten. Als würde es genügen, ihren Blick sprechen zu lassen.

Was sollte der finstere Blick dieses Jungen ihr sagen?

»Wer ist das, Alex?«

»Wer?«

»Na, der.« Kathrin nickte in seine Richtung. Gerade wurde er von seinem Freund in eine Unterhaltung verwickelt und sah nicht zu ihr.

»Wieso willst du das wissen?«

»Der guckt immer so böse.«

»Wundert mich gar nicht.« Alex zog ihre Augenbrauen nach oben. Ein untrüglicher Ausdruck ihrer Missbilligung. Sie mochte ihn nicht. Das war unübersehbar.

»Und wer ist er nun?«

Alex sah sie an, als fragte sie sich, warum sie Senf auf ihr Eis wolle. Als wäre es verschwendete Zeit, über ihn zu reden. »Ich glaube, er heißt Phillip.«

»Phillip«, flüsterte Kathrin. Irgendetwas löste er in ihr aus. Sie wusste nicht, was.

Nachdem alle ihr Bier getrunken, ihr Eis gegessen und einige Anekdoten ausgetauscht hatten, verlangte das Teenagerherz nach einem kleinen Abenteuer. Nichts Besonderes. Ein kleines Spielchen, um aus dem monotonen Gleichklang des Alltags auszubrechen. Steffen hatte sich Rebekkas High-Heels geschnappt, um herauszufinden, wie weit er damit gehen konnte, ohne umzuknicken – und das bekifft. Als er den ersten Walk bewältigte, schauten alle noch im Sitzen zu. Als Gero jedoch an der Reihe war, siegte die Spannung. Die Leute standen auf, um zu sehen, wie weit er mit den schmalen Absätzen stelzen konnte.

Alex lachte und war nach vorn zu den anderen gegangen, um einen besseren Blick zu haben. Kathrin war zwar aufgestanden, hatte jedoch kein Interesse daran, Details zu sehen. Also blieb sie am Rand und beobachtete von dort das Geschehen.

»Interessiert dich wohl auch nicht?«

Kathrin erschrak. Schräg hinter ihr stand plötzlich Phillip, der trotz seiner Größe unbemerkt geblieben war. Kathrin musste den Kopf heben, um in seine Augen sehen zu können. Sie waren blau und sahen überhaupt nicht mehr ernst aus.

»Hallo«, sagte Kathrin und stellte dann fest, dass das keine Antwort auf seine Frage war. »Nicht besonders«, ergänzte sie deshalb.

Er lächelte. Sie hatte ihn vorher nie lächeln gesehen. Ihre Bauchregion reagierte sofort auf die Veränderung in seinem Blick. Sein Lächeln führte zu ihrem Kribbeln.

»Sonst liest du immer«, sagte er.

Das stimmte nur bedingt. Sie hatte zwar fast immer ein Buch dabei, wollte aber nicht als Streberin wahrgenommen werden. Das war sie nicht. Man konnte auch klug sein, ohne alles zu wissen. Es war auch gar nicht ihr Anspruch, sich in jedweden Themengebieten auszukennen. Literatur war ihr wichtig. Bei dem Rest war sie noch nicht sicher.

»Manchmal«, sagte sie trotzdem. Dann wurde ihr klar, dass es ihm aufgefallen war. Er wusste, dass sie las. Das hatte vielleicht etwas zu bedeuten.

»Kommst du, Kathrin?«, fragte Alex, die sonst nie Probleme damit hatte, wenn Kathrin sich im Hintergrund aufhielt. Ganz im Gegenteil. Es existierte das unausgesprochene Gesetz, dass Alex der Platz in der ersten Reihe gebührte. Wenn sie ihre Freundin nun dazuholte, konnte das nur eines bedeuten: Sie mochte nicht, dass Kathrin sich mit Phillip unterhielt.

»Kann ich dir mal schreiben?«, fragte er.

»Ich bin bei ICQ.« ICQ war ein Chatprogramm, in dem man sich anhand der Namens- und Ortsangaben finden konnte. Seinen Namen kannte sie ja jetzt.

»Phillip, richtig?«, fragte sie der Vollständigkeit halber.

Er nickte. Dann war alles klar.

»Du kannst mir gern schreiben«, sagte sie grinsend.

Er sah sie mit einem Blick an, den sie sonst nur aus Spielfilmen kannte und der das Kribbeln in ihrem Bauch verstärkte. Ein Blick, der alles bedeuten konnte. Verwunderung. Vertrauen und vielleicht auch Verlieben.

Ein paar ICQ-Nachrichten und Sonnenuntergänge später stellte sich heraus, dass er sich tatsächlich verliebt haben könnte. Und das, obwohl er wusste, dass sie in einer Beziehung steckte. Kathrin hatte es ihm gleich am ersten Chat-Tag geschrieben. Ehrlichkeit hatte oberste Priorität. Natürlich so subtil wie möglich. Etwas in der Art wie: »Ich war heute mit meinem Freund im Kino.« Vielleicht wollte Phillip einfach nur so mit ihr schreiben. Ohne Hintergedanken. Dass er trotzdem welche hatte, Gedanken romantischer Art, hatte sie recht schnell gemerkt. Mehr als einmal hatte er erwähnt, wie toll er sie fand. Ihre Augen, ihre Haare, ihr Lächeln. Er mochte einfach alles. Auch sie selbst spürte eine wachsende Ungeduld, bevor sie sich abends an den Rechner ihrer Eltern setzte, um sich mit ihm auszutauschen. Wenn der ganz spezielle ICQ-Einwahlton erklang, war ihre Aufregung auf dem Höhepunkt.

Der stationäre Computer stand im Flur, sodass sie jedes Mal verstohlen über ihre Schultern guckte, wenn Phillip ihr ein

Kompliment machte. Nur für den Fall, dass ihre Eltern plötzlich hinter ihr standen, was eigentlich nie der Fall war. Es fühlte sich falsch an, heimlich mit Phillip zu schreiben. Und gleichzeitig absolut richtig. Wie konnte das sein?

Irgendwann überwogen die positiven Gefühle und schienen das schlechte Gewissen zu überdecken. Etwas, das dermaßen guttat, konnte nicht schlecht sein. Irgendwann spürte auch sie, dass Phillip mehr war als ein Schulfreund. Kathrin wollte Gewissheit. Sie musste wissen, ob die Gefühle blieben, wenn sie sich real begegneten. Nicht nur in den Schulpausen, in denen sie so taten, als kannten sie sich nicht. Ein echtes Treffen, in dem es nur um sie beide ging. Wenn dann ihre Gefühle blieben, musste sie sich von Robert trennen.

»Können wir uns mal sehen? Also abseits der Schule?« Kathrin war sich fast sicher, dass er das auch wollte. Trotzdem wurde es plötzlich flau in ihrem Bauch. Es war, als würde sie aus schwindelerregender Höhe fallen und nicht wissen, ob sie aufgefangen würde.

»Ich will dich wirklich gern treffen«, schrieb er.

Kathrin grinste.

»In den nächsten Tagen muss ich aber auf meine kleine Schwester aufpassen. Meine Eltern haben Spätschicht.«

Kathrin hatte selbst eine kleine Schwester. Aufpassen musste sie jedoch nie, auch wenn sie es ohne Weiteres getan hätte. Ihre Schwester war ihr Pendant. Nur jünger. Sie hätte kein Problem damit gehabt, mit Sarah einen Nachmittag oder Abend zu verbringen. Bei Jungs musste das bestimmt anders sein. Kathrin wusste es nicht sicher, aber sie hatte mal von ihrer Freundin gehört, dass sie sich mit ihrem Bruder sogar geprügelt hatte.

»Das muss blöd für dich sein.«

Minka sprang auf Kathrins Schoß. »Huch«, rief sie erschrocken und beruhigte ihr klopfendes Herz, indem sie ihre Hand an ihre Brust hielt. »Du kannst mich doch nicht so erschrecken. Ich dachte schon, ich wäre aufgeflogen.« Das war natürlich übertrieben. Aber die Furcht, entdeckt zu werden, war immer da. Kathrin streichelte das glänzende, schwarze Fell des Katers. Dann ertönte die nächste ICQ-Nachricht mit einem hohen »Oh-oh«. Kathrin beugte sich nach vorn, streichelte Minka weiter.

»Eigentlich nicht. Sie ist richtig niedlich. Wenn es für dich okay ist, nehme ich sie mit. Maja liebt Eis.«

Kathrin sah hinunter auf Minka und gab ihm einen Kuss auf seine weiche Stirn. Der Kater antwortete mit einem tiefen »Gurr«. Sie hatte ihn zu ihrem siebten Geburtstag bekommen, als Belohnung für ihre sechswöchige Kur. Noch bevor sie losgefahren war, wusste sie, dass ihr Haustier Minka heißen würde. Völlig egal, ob Kater oder Katze.

»Ich doch auch«, schrieb Kathrin mit der rechten Hand, um mit der linken weiterhin ihren Kater zu kraulen. Eiscreme und Kuchen waren ihre persönlichen Endgegner. Sie liebte es wie irre, und sie hasste die feindlichen Folgen. Der Zucker verwandelte sich in Fett und ließ sich dauerhaft auf ihren Hüften nieder.

Sie trafen sich auf dem Spielplatz. Maja hatte mindestens zwölf Sandkuchen gebacken und Phillip hatte sie alle gegessen. Auch Kathrin durfte hin und wieder probieren. Es wurde aber deutlich, wem die Ehre des ersten Stückes gebührte. Das Band zwischen den Geschwistern war zweifelsohne tief. Kathrin beobachtete fasziniert, wie der 1,85 Meter große Junge mit einer verblüffenden Selbstverständlichkeit das Kaffeestündchen genoss. Die harte Schale, die sie vor ein paar Wochen im Park wahrgenommen hatte, hatte er abgelegt. Zum Vorschein gekommen war ein sensibler, intelligenter Junge, den Kathrin unbedingt intensiver kennenlernen wollte.

»Ich find's toll, wie gut ihr euch versteht«, sagte Kathrin.

»Es ist nicht schwer, sie zu mögen.«

Diesmal kam Maja mit einem Sand-Eis in der Hand. »Darf ich das Eis? Ich bin ein großer Fan.« Kathrin grinste. Das war keine Schmeichelei. Sie hatte akute Eislust. Zur Not nahm sie das sandige.

Majas Augen wurden groß. »Ich liebe auch Eis.« Kathrin sah in ihrem Blick, dass sie diesmal ihr zuerst das sandige Produkt zum Probieren geben würde.

»Wie wäre es, wenn wir echtes Eis essen würden?« Sämtliche Augen waren nun auf Phillip gerichtet. Er wusste, wie er Mädchenherzen höherschlagen lassen konnte.

Kathrin sah auf ihre Uhr. Noch sieben Minuten. Zeit, wieder an Lemminge zu denken.

Kapitel 3

Bitburg, Juni 2006, Abiball

Sie sah zur Tür. Zum zwölften Mal an diesem Abend. Vielleicht zum dreizehnten Mal. Über den Türen und über ihren Köpfen hingen silberne Sterne. Gefertigt aus zwanzig Rollen Alufolie. Sie hatten einen Saal gemietet, der billig und deshalb nicht besonders ansprechend war. Optisch ein wenig aus der Zeit gefallen, mit Holzdielen an den Wänden, die in den Siebzigern mal modern gewesen waren. Die metallenen Stühle mit der rauen, gepolsterten Sitzfläche könnten heute schon fast wieder en vogue sein. Aber nicht aufgereiht an einer langen Tischtafel. Und erst recht nicht mit der hölzernen Vertäfelung im Hintergrund. Hier hatte es vor vierzig Jahren oft Veranstaltungen gegeben. Jetzt wurde der Saal nur noch alle paar Monate genutzt. Dafür hatten sie ihn hübsch hergerichtet. Nicht nur mit Sternen an der Decke, sondern auch mit Bezügen über den Metallstühlen. Mit der Holzwand war nichts zu machen. Obwohl sie große, weiße Fahnen-Wimpel davor gehangen hatten, war die Vertäfelung deutlich erkennbar. Der Vermieter war trotzdem ganz angetan gewesen, als er vor zwei Tagen den fertigen Raum gesehen hatte. »So schön hat es hier ja schon seit etlichen Jahren nicht mehr ausgesehen. Gut gemacht, Jungs und Mädels.«

Phillip hatte, weil er nach Köln gezogen war, nicht mit seiner alten Klasse zusammen Abitur machen können. Zum Abiball wurde er trotzdem eingeladen. Genau wie alle anderen, die vorzeitig abgebrochen hatten. Natürlich auch jene, die ihren Abschluss trotz monatelangen Lernens, Lesens und Rechnens nicht geschafft hatten. Kathrin hatte keinen von ihnen besonders gut gekannt. Bis auf Phillip. Und der kannte auch sie. Er konnte ihr bis in die Seele gucken, vielleicht auch weiter.

Neben Kathrin saß Steffi, die mit ihrer Mutter und ihrer Oma gekommen war. Sie musste noch eine Stunde ausharren, bis sämtliche Reden und Glückwünsche vorbei waren. Geduld war nicht ihre Stärke. Sie wollte endlich tanzen. Kathrin auch.

Leise raunte sie ihr ins Ohr. »Meine Omi will wissen, welches Parfum du benutzt. Sie will es haben.«

Kathrin senkte ihr Kinn. »Deine Oma?« Sie hatte nie den Eindruck gehabt, dass es eines für ältere Generationen wäre. Sie dachte immer, dass Großeltern ›1984‹ nutzten oder irgendetwas mit Lilie.

»Meine Omi ist hip«, antwortete Steffi mit wohlwissendem Blick.

Kathrin dachte, dass sie gar nicht ›hip‹ aussah, gab ihr aber trotzdem den Namen des Parfums: ›Hypnotic Poison‹.

Phillip mochte es genauso. Er war regelrecht versessen darauf gewesen, den Namen zu erfahren. Erst hatte sie vermutet, dass er ihr einen Flacon kaufen wollte. Obgleich es gar keinen Anlass für Geschenke gegeben hatte.

Sie waren damals durch den Stadtpark in Bitburg gelaufen. Die Vögel hatten den Spätsommer besungen, der fast unbemerkt in den Frühherbst übergegangen war. Das Wetter war gleichgeblieben. Ihre windige Liebe auch. Ihre Hände waren ineinander verschlungen gewesen. Genau wie ihre Seelen. Angst, entdeckt zu werden, hatten sie nicht. Das war vielleicht naiv.

»Was glaubst du, wo du in zehn Jahren bist?«, hatte Phillip gefragt.

»Ich hoffe, an deiner Seite. Und wenn schon nicht da, dann in einem schicken Apartment in London. Wir beide würden eine Fernbeziehung führen, weil ich die einmalige Gelegenheit bekommen habe, eine Londoner Agentur zu leiten. Das fände ich irrsinnig kosmopolitisch.«

»Was für eine Agentur?«

»Völlig egal. Es geht ums Prinzip.«

»Und was ist das Prinzip?«

»Dass ich, wenn ich aus meinen Fenster blicke, die Themse sehen kann.«

»Klingt erstrebenswert.«

»Oder?« Kathrin grinste.

»Und ist dir klar, dass ich dich in deiner Geschichte nicht genug liebe, um dich zu begleiten?«

»Nein, denn du hast mich nur gefragt, wo wir in *zehn* Jahren sein werden. In *elf* Jahren wohnen wir schon längst wieder zusammen.«

Phillip lachte.

»Du bist auch nach London gezogen. Wir trinken jeden Morgen Kaffee im Bett. Den du mir natürlich immer bringst«, fügte sie mit einem Kopfnicken hinzu.

»In deinem Traum bin also dein Lakai?«

»Ist es nicht die wahre Macht der Liebe, es so aussehen zu lassen, als wäre es Hingabe anstatt Dienerschaft?«

Phillip lachte erneut. »Für mich klingt es eher nach Manipulation.«

»Vielleicht ein ganz klein wenig.«

Phillip nahm sie in den Arm. Seine Nase fuhr durch ihr blondes langes Haar und über ihren Nacken. »Hmm, du riechst wieder gut.«

Sie kicherte. »Das sagst du immer.«

»Ich kann nicht genug davon bekommen.«

»Vielleicht sollte ich ein wenig davon auf deinen Schal sprühen.«

»Nicht nötig, ich hab' mir selbst geholfen.« Sein Grinsen offenbarte ein Geheimnis. Als hätte er einen Bonbon stibitzt.

»Und wie hast du dir geholfen?«

»Ich war bei Müller und hab ›Hypnotic Poison‹ über mich regnen lassen.«

Sie lachte laut. Er hatte also nicht ihr ein Geschenk machen wollen, sondern sich selbst.

Er drückte sie noch fester an sich. »Jetzt kann ich dich den ganzen Tag über bei mir tragen.« Die Tatsache, dass er sie immer bei sich haben wollte, war auch ihr ein Geschenk. Es bedeutete so viel mehr als die bloßen Worte, die Liebesschwüre seit jeher überbracht hatten.

»Na endlich lächelt sie«, sagte Alex, die Kathrin gegenübersaß, und brachte sie gleichzeitig in die Gegenwart zurück. »Wir dachten schon, du würdest heut den ganzen Abend schmollen.«

»Wieso schmollen?«

»Du hast, seit du angekommen bist, eine üble Laune.«

Das war Kathrin gar nicht bewusst gewesen. Sie lockerte ihre Schultern, die tatsächlich angespannt gewesen waren. Es war Zeit, sich ihren Mitschülern zuzuwenden. Einige davon würde sie für eine lange Zeit nicht mehr sehen. Die Frage, ob Phillip und Kathrin sich wiedersehen konnten, hatte es so nie gegeben. Schon wieder der Gedanke an ihn. Er preschte immer wieder in den Vordergrund wie Pinguine im Zoo, die um den Platz in der ersten Reihe konkurrierten.

Für Kathrin war immer klar gewesen, dass sie sich irgendwann wieder begegnen würden. Immerhin lebte sein Vater hier. Der Gehörnte hielt die Stellung, weil seine Frau, oder vielmehr Exfrau, die Flucht ergriffen hatte. Phillip hatte sie mitgenommen. Vielleicht hatte er sich auch mitnehmen lassen, weil er die Nähe zu Kathrin nicht mehr ertrug. Weil er ihre Liebe nicht für sich allein haben durfte.

Von einigen Mitschülern auf dem Abiball wusste Kathrin nicht einmal, wie ihr weiterer Weg aussehen sollte.

»Was sind eigentlich deine Pläne, Gero?«. Er saß ihr schräg gegenüber. Früher auf Partys hatte sie sich gern mit ihm unterhalten. Aber im vergangenen Jahr hatten sie sich kaum noch gesehen. Ohne es zu wollen, hatte sich der Kontakt verflüchtigt. Hatten sie schon länger begonnen, sich voneinander zu entfernen? Bald würde sich herausstellen, welche Freundschaften dem Finden neuer Wege standhalten würde.

»Ich mach' erst mal ein Freiwilliges Soziales Jahr. Und danach wahrscheinlich Medizin studieren.«

»Und wo?«

»Wenn alles klappt, München.«

München. Sie würden sich nie wiedersehen. München war zu weit weg, um zu einem Klassentreffen zurückzukehren. Wenn es eines gab, waren die meisten allenfalls bereit, eine Stunde Fahrtzeit in Kauf zu nehmen. Selbst das auch nur dann, wenn es Freunde gab, die einen darum baten.

»Ich drück' dir die Daumen.«

Gero lächelte. Als wäre er überrascht darüber, dass sie überhaupt gefragt hatte. »Und wohin verschlägt es dich?«

»Ich werde im August eine Ausbildung als Kauffrau für Dialogmarketing bei unserer Zeitung anfangen.«

Sie hatte lange überlegt, ob das wirklich ihr Weg werden sollte. Ein Jahr hatte sie überlegt: Was mit Kindern oder mit Kranken? Etwas mit Computern oder vielleicht sogar etwas im Handwerk? Alles erschien ihr abwegig. Zu weit entfernt von dem, was sie mochte und konnte. Was konnte sie überhaupt? Sie war sicher, dass es einiges gab. Aber als es darauf ankam, ihre Qualitäten offenzulegen, war ihr Kopf leer. Ihr Vater brachte dann die entscheidende Wendung. Sie solle sich darauf besinnen, was ihr schon immer wichtig gewesen war. Und dann war plötzlich alles klar: Die Welt der Wörter war ihr schon als kleines Kind ein Universum gewesen. Also hatten sie gemeinsam wochenlang sämtliche Jobs herausgesucht, in denen sie ihre literarischen Qualitäten ausleben konnte. Geblieben waren einige Stellen, bei denen sie sich beworben hatte. Die hiesige

Zeitung war es letztendlich geworden. Hier schien das Interesse auf Gegenseitigkeit zu beruhen.

Die Reden waren verklungen, die Eltern gegangen, auch die Omas und Opas und sämtliche Geschwister unter achtzehn. Geblieben war eine Horde Tanzwütiger, die ganz versessen darauf waren, diesen Abend legendär werden zu lassen. Die Chancen standen nicht schlecht. Kathrin hatte es aufgegeben, auf Phillip zu warten. Es war leichter, auf einen Trabbi in der DDR zu warten. Vielleicht auch nicht. Aber Kathrins Maß war voll.

»Lass uns tanzen, Kaddy.« Alex zog sie an den Armen nach oben. Gerade liefen die Sportfreunde Stiller. ›54, 74, 90, 2006‹. Die Masse grölte. Kathrin grölte mit. Sie tanzte wild, vergaß alles um sich herum und war wieder glücklich. So lange, bis sie merkte, dass Alex aufgehört hatte zu tanzen.

»Was ist?«, fragte Kathrin und folgte ihrer Blickrichtung. Die stierte, wie auch ein paar andere Abiturienten, zu Ramon. Sein Anblick ließ auch Kathrin für einige Sekunden innehalten. Ramon war ein Emo. Schwarze Klamotten. Ernstes Gesicht. Schwarze Haare, die seinen Blick zur Hälfte versperrten. In den vergangenen Jahren hatte er nie mehr als nötig gesagt, hatte meistens abseits gesessen mit seinem einzigen Freund, der oft das Reden für ihn übernahm. Heute trug Ramon einen schwarzen Anzug. Dazu ein schwarzes Hemd und eine schwarze Krawatte. Die Haare, vielleicht seinen Eltern zuliebe, zu einem seitlichen Scheitel gekämmt. Dass er plötzlich attraktiv aussah, war Kathrin schon morgens zur Zeugnisausgabe aufgefallen. Dass er nun sogar fröhlich singend tanzte, machte aus ihm einen völlig anderen Menschen. Steffi war schon dicht auf seinen Fersen und schwang vor ihm immer mal wieder die Hüften lasziv hin und her. Kathrin tanzte wieder mit Alex, sofern diese in der Lage war, sich aus ihrer Erstarrung zu lösen.

»Komm schon, Alex«, sagte Kathrin und tanzte ihre Freundin an.

»Das ist so verrückt.« Alex tippte zaghaft vom rechten zum linken Fuß. »Ich glaube, bisher habe ich ihn nur sitzend gesehen.«

Keine fünf Minuten später überwand sie ihre Starre und hüpfte mit neuer Lebendigkeit zum Takt der Musik. Bis der DJ entschied, der Meute etwas Ruhe zu gönnen und den Hit des Jahres anzustellen: ›Das Beste‹ von Silbermond. Die Tänzer nahmen die ruhige Abwechslung dankend an. Kathrin nicht. Sie schluckte. »Dazu kann man doch gar nicht tanzen«, rief sie. Doch weder den DJ noch die anderen interessierte ihr Einwand. Sie ließen sich von der Musik mitnehmen. Einige schlossen sogar ihre Augen.

Kathrin ging mit gesenkten Schultern zurück zu ihrem Platz. Auf dem Tisch stand ein Glas vom Nachmittag, das zur Hälfte mit Sekt gefüllt war. Der Sprudel hatte sich längst verflüchtigt. Der Sekt war schal geworden. Als die Zeile »Es tut so gut, wie du mich liebst« aus den Lautsprechern schallte, wirkte der Sekt gar nicht mehr unappetitlich. Sie nahm das Glas und leerte es in einem Zug.

Kapitel 4

Bitburg, Oktober 2007

»Musstest du auch heulen, Kaddy?« Julia sah sie erwartungsvoll an. Vor fünfzehn Minuten hatten sie den Kinosaal verlassen. Jetzt saßen die Freundinnen Alex, Vicky, Julia, Steffi und sie gemeinsam an der Bar. Julia war die letzte im Bunde, die zwanzig geworden war. Ein Grund zu feiern. Mit einem Tequila, zwei Pina Colada und einer Mango-Margarita mit wenig Alkohol. Die Margarita war für Kathrin, weil sie Alkohol so gut vertrug wie rohen Chili. Irgendwann endete es immer in Tränen.

Kathrin hatte sich aus der regen Diskussion der vergangenen Minuten herausgehalten. Nicht, weil sie nichts beizutragen hatte. Das hatte sie. Aber das Thema hatte sie aufgewühlt.

»Nee, ich musste nicht heulen.« Das war nicht ganz die Wahrheit. Sie hatte geweint. Innerlich. Beinahe den ganzen Film über.

»Gar nicht?«, fragte Vicky.

Kathrin überschlug ihre blau bestrumpften Beine. Das Blau bildete einen auffallenden Kontrast zum hellbraunen, eng anliegenden Kleid. Keine Macht dem schwarz, weiß, beige getünchten Mainstream. Sie brauchte Farbe in ihrem Leben. Immer.

»Lass sie in Ruhe«, sagte Julia. »Teflon-Kaddy leidet heimlich.« So nannten sie ihre Freunde seit ihrer Schulzeit. Wann es angefangen hatte, wusste sie nicht mehr. Sie teilte ihre Gefühle ungern mit anderen. Zu intim. Julia hatte recht, wenn sie sagte, dass Kathrin lieber für sich litt. Es gab keinen Grund, jedermann ihre Gefühlslage mitzuteilen. Es genügte, wenn sie ihre Emotionen mit einem teilte. Früher war das Phillip gewesen. Jetzt gerade gab es niemand bestimmten. Mit Julia redete sie über ihre Zukunftspläne. Mit Alex über ihren Vater. Mit ihrem Vater redete sie über Bücher. Und sämtliche Bücher machten den Rest. Manchmal konnte sie aus Büchern mehr ziehen als aus Unterhaltungen. Bücher waren weise. Und sie spendeten Trost.

»Hat dir der Film denn gefallen?«

Kathrin nahm ihr Glas in die Hand. Ein Wassertropfen perlte ab und fiel in ihren großzügigen Ausschnitt.

»Ja, er war gut.« Sachlich. Ehrlich. Auf den Punkt. Der Film hatte ihr tatsächlich gefallen. Auch wenn er alte Wunden aufriss, die lieber noch eine Weile verschlossen bleiben sollten. Wie es aussah, war da noch nichts vernarbt bei ihr. Alles war frisch. Alles schmerzte.

Sie hatten ›Juno‹ gesehen. Ein Film über eine Sechzehnjährige, die ungewollt schwanger geworden war und ohne das Wissen ihrer Eltern eine Abtreibung vornehmen lassen wollte. Sie hatte es fast durchgezogen. Und dann stand da eine Frau vor der Klinik. Eine Abtreibungsgegnerin, die offenbar alles über Embryos wusste. Sogar, dass sie in diesem frühen Stadium schon Fingernägel hatten. Juno hatte sich dann entschieden, das Kind auszutragen.

Natürlich war Kathrin selbst nie schwanger gewesen, das hatte die *Pille danach* immerhin verhindert. Die Parallelen sah sie trotzdem. Und sie fühlte den Schmerz. Was wäre, wenn?

»Ich fand's gut, dass sie das Kind bekommen hat. Ich glaube, ich hätte es nicht durchgezogen«, sagte Kathrin, nicht völlig wahrheitsgemäß. Sie hätte um jeden Preis eine Schwangerschaft verhindern wollen. Aber was, wenn es schon zu spät gewesen wäre?

Alle sahen sie an, als wäre sie wirklich aus Teflon.

»Du hättest abgetrieben?« Vicky sah aus, als überlegte sie, ob sie wirklich weiterhin mit Teflon-Kaddy befreundet bleiben wollte. »Ich meine, klar, das ist eine schwere Entscheidung.«

»Ich glaube, wenn ich nicht abtreiben würde, würde ich's behalten. Wahrscheinlich hätte ich das Kind nicht weggeben können«, sagte Julia.

»Meine Eltern hätten mich wahrscheinlich überredet, es wegmachen zu lassen, um mein Leben nicht zu versauen«, sagte Alex bitter. »Und dann hätten sie mich so lange zur Therapie geschleppt, bis ich selbst davon überzeugt bin, dass Abtreibung eine gute Idee wäre.« Das klang tatsächlich nach Alex' Eltern. Das Ansehen war immer eine Spur wichtiger als die eigenen Gefühle.

»Die Eltern sahen nett aus.« Steffi schlürfte lautstark den Pina Colada durch den Strohhalm. In ihrem Cocktail-Glas steckte noch immer das regenbogenfarbene Schirmchen. Es klang, als würde es ausreichen, wenn die neuen Eltern *nett* wären. Vielleicht waren sie nicht nur nett, sondern auch reich. Reich und nett. Mehr brauchte es nicht, um ein Kind großzuziehen. Kathrin wollte gern daran glauben. Wenn man nur nett und reich genug war, würde alles gut werden. Die Jung-Mama müsste keinen Gedanken mehr daran verschwenden, ob es dem Kind gut ginge. Zumindest hätte es Hosen, Schuhe und Essen. Aus materieller Sicht war alles klar. Aber war das genug? Wäre Kathrin als Mutter genug gewesen? Ihr selbst hatte es nie an etwas gefehlt. Sie wusste nicht, wie es für ein Kind war, wenn es nicht gut genug versorgt war. Mit Kleidung oder Liebe. Aber einer Sache war sie sich trotzdem sicher: Wenn sie erfahren würde, dass ein Embryo Fingernägel hätte, würde sie es behalten.

»Ich glaube, wenn man das alles nicht weiß, dass das Kind Fingernägel hat oder ein schlagendes Herz, dass man dann eher abtreiben kann. Manchmal schützt einen die Unwissenheit«, hörte Kathrin sich sagen und starrte in ihr Glas.

»Damit könntest du recht haben«, pflichtete Vicky ihr bei.

»Ich würde einfach verhüten«, sagte Steffi. Für manche konnte die Welt so einfach sein. Wie in einer Schneekugel. Kathrin wünschte sich manchmal, dass sie die Welt auch aus Sicht einer Schneekugel sehen könnte. Dann gäbe es nur noch Schnee und ein bisschen anheimelnde Musik. Wie friedlich wäre ihr Universum.

»Schon mal etwas vom Pearl-Index gehört?«, fragte sie. Sie wollte es ja gar nicht ansprechen. Aber so war es nun mal. Es gab keine hundertprozentige Sicherheit, nicht schwanger zu werden.

»Öhm«, machte Steffi.

Kathrin half. »Selbst bei einer Sterilisation werden zwei oder drei Frauen von tausend schwanger.«

»Ist man dann nicht zu hundert Prozent sicher?« Ein Knall. Steffis illusorische Blase zerplatzte.

Kathrin nahm einen großen Schluck von ihrer Mango-Margarita.

»Ich glaube, einhundert Prozent gibt es nicht«, warf Alex ein. »Eine Bekannte meiner Mutter ist zweimal trotz Pille schwanger geworden. Zweimal.«

»War vielleicht Gottes Wille«, sagte Vicky.

»Lass uns Gott da raushalten.« Kathrin war zwar noch Mitglied der Kirche, aber das war eher eine Formalität. An Gott glaubte sie nicht.

»Dann eben das Schicksal.«

»Vielleicht war es einfach Pech«, sagte Alex.

»Oder Glück?« Vicky war Optimistin. Sie musste das denken.

Vielleicht war es tatsächlich Glück, weil das Leben manchmal Wege ging, die man nicht verstand. Was wäre, wenn der Partner der ungewollt schwanger gewordenen Frau einen Monat später ein Jobangebot aus Paris angenommen hätte, falls es diese Schwangerschaft nicht gegeben hätte? Sie hätte nachkommen sollen, würde es aber nie. Die Beziehung würde im Sande verlaufen, wie verirrte Zebras in der Wüste auf der Suche nach Wasser. Wenn man nicht achtgibt, verirrt man sich. So war das schon immer. Und das, obwohl sie füreinander geschaffen wären. Nur miteinander konnten sie ein Glück finden, das weder an Materielles noch an vermeintliche Anerkennenswerte gebunden war. Das reine Liebesglück, von dem Goethe und Morgenstern in süßlichen Versen schwärmten. Diese Schwangerschaft wäre das ultimative Bindeglied zu diesem Glück gewesen. Sämtliche Alternativen, Alleinerziehung wegen fehlender Väter oder gar zu vieler potenzieller Väter, blendete Kathrin aus.

Sie glaubte daran, dass einem selbst immer dann Gutes widerfahren würde, wenn man selbst gut zu anderen war. Eine der unverzichtbaren Weisheiten, die ihre Eltern ihr mitgegeben hatten. Daran würde sie festhalten. Auch wenn man die Möglichkeiten von fehlenden oder auch nicht zu ermittelnden Vätern in Betracht zog, durfte man eines nie außer Acht lassen: Ein Kind bedeutete auch Glück.

Kapitel 5

Bitburg, Mai 2008

»Es wäre jetzt zwei Jahre.«

Kathrin verschluckte sich an ihrem Cola-Whiskey, als sie die Worte auf ihrem Handydisplay sah.

»Alles okay?«, fragte Vicky und klopfte Kathrin auf den Rücken.

Die räusperte sich. »Ja, alles in Ordnung. Ich war nur … Ich muss mal kurz an die frische Luft.«

Die schmale Gasse mit ihrer kleinen Kirche und einer Apotheke mit bröckelnder Fassade zwischen Backsteinhäusern mitten in der Bitburger Innenstadt war in sanftes Orange getaucht. Das liebte sie an ihrer Stadt. Wenn der Tag sich verabschiedete, wurde es noch lange nicht dunkel. In jedem Winkel war Hoffnung zu finden. Diese überbordende Lebendigkeit motivierte sie an jedem einzelnen Tag. Auch an jenen, an denen sie von Phillip in die traurige Realität gerissen wurde. Das machte er von Zeit zu Zeit. Auch sie schrieb ihm manchmal, wenn die Sehnsucht nach dem ›Was wäre, wenn‹ zu groß geworden war.

Sie setzte sich auf die Holzumrandung einer Stadterle und sah auf das Handydisplay. Vor fast drei Jahren hatte sie die Pille genommen, die eine Schwangerschaft verhindern sollte. Eigentlich keine große Sache. Zumindest wurde sie genau deswegen erfunden. Um die *großen* Sachen zu verhindern. Und doch fühlte sie diese Schwere in sich. Und einen Verlust, der kaum greifbar und viel weniger erklärbar war.

»Was machst du gerade?«, tippte sie in ihr Handy.

»Im Jugendclub«, antwortete er knapp fünf Sekunden, nachdem sie ihre Nachricht abgeschickt hatte.

»Und da denkst du an das Kind?« Das Kind. Als hätte es tatsächlich eines gegeben. Sie waren weit weg gewesen von echtem Leben. Aber es war einfacher, von einem Kind zu sprechen, als von kleinen Samenzellen in Geschlechtsorganen, die nie Leben erschaffen hatten.

»Ich habe an dich gedacht. Dann denke ich automatisch an das Kind.«

Kathrins Bauch zog sich zusammen. Dieses Gefühl kannte sie gut. Nur ein Mensch auf dieser Welt konnte verstehen, warum eine einzige Pille ihre Gefühlswelt mit einem Schlag aus der Bahn werfen konnte. Nur jemand, der die gleiche Hoffnung und Liebe daran geknüpft hatte.

»Es ist nun schon drei Jahre her. Wir könnten es einfach vergessen.« Kathrin konnte kaum glauben, dass sie das tatsächlich gerade geschrieben hatte. Sie selbst konnte genauso wenig vergessen. Weder ihn noch diesen unglückseligen Tag.

Drinnen, in Vickys Wohnung, saßen ihre Freunde und dachten, wenn's gut kam, an nichts. Für diesen Abend konnten sie ihre Gedanken mit den Strophen von den Söhnen Mannheims ziehen lassen: »Das hat die Welt noch nicht gesehen.«

Zumindest *dachte* Kathrin, dass ihre Freundinnen sorglos wären. Vielleicht war unter ihnen aber auch eine, die von etwas getrieben wurde, das sie niemandem mitteilte. Sie taten vielleicht alle immer nur so, als würde ihnen nichts auf der Seele lasten. In Wirklichkeit machten sie möglicherweise die schlimmste Sinnkrise ihres Lebens durch. Kathrin nahm sich vor, ihre Freundinnen, jede für sich, zu fragen.

Wenn man genau hinsah, kriselte es in jeder Ecke. Nicht nur hier in ihrer kleinen Welt. Auch im Rest von Deutschland und über die Grenzen hinaus. Die Finanzkrise hatte die Welt und ihre Bewohner als Geisel genommen. Eine Freundin, die eine Ausbildung bei einer renommierten Bank gemacht hatte, konnte unerwartet doch nicht übernommen werden. Nicht nur da, sondern nirgendwo in ihrer Gegend, wollte eine Bank sie einstellen. Sie würde nach Frankfurt am Main ziehen oder eine neue Ausbildung beginnen müssen. Eine, die weniger mit Finanzen zu tun hatte. Vielleicht etwas mit Kindern. Dabei war sie überhaupt nicht der Typ für Kinder. Aber die würde es, wie sie sagte, immer geben. Wahrscheinlich hatte sie damit gar nicht so unrecht.

Kathrin selbst würde nach ihrer Ausbildung auch ihre Stelle wechseln. Aber nicht, weil sie musste, sondern weil sie es wollte. Veränderungen brauchte sie wie Vasco da Gama seinen Dreimaster São Gabriel. Wie sollte man auch sonst die Welt entdecken?

Kathrins Nachbarn, die just in diesem Jahr ihren Kredit verlängern wollten, konnten wegen ebenjener Krise die horrenden Zinsen nicht mehr zahlen. Beinahe hätten sie ihr Haus verloren. Deren Eltern waren dann finanziell eingesprungen. So verloren sie laut eigener Aussage nur ihre Integrität.

Alle hatten irgendeine Art Krise zu bewältigen. Da konnten Phillip und Kathrin das doch auch. Noch dazu eine bereits alternde, fast verjährte.

»Niemals könnte ich das vergessen. Und dich auch nicht.«

Kathrin atmete erleichtert aus. Ein flüchtiges Lächeln schlich in ihr Gesicht und wieder hinaus. Eigentlich sollte sie Scham fühlen. Immerhin saß ihr Freund gerade in der Wohnung ihrer Freunde und dachte, sie führten eine gute Beziehung. Manchmal war das auch so. Aber an den melancholischen Tagen dachte sie an Phillip. In den vergangenen Monaten hatten sie immer wieder kurze, aber intensive Kontakte gehabt. Meistens per SMS, kaum noch über ICQ. Meistens an den Wochenenden, wenn sie vom Alkohol völlig benebelt gewesen waren. Ihr Vater sagte immer, dass zwei Sorten von Menschen immer die Wahrheit sagten: kleine Kinder und Betrunkene. Also glaubte sie Phillip, wenn er ihr betrunken seine Liebe beteuerte.

Kathrins Blick fiel auf das Fenster der gegenüberliegenden Straßenseite. Sie liebte Fenster. Das hatte auch mit ihrem Vater zu tun. An Vatertagen war die gesamte Familie früher immer mit dem Wagen durch die Gegend gecruist, um die Werke seiner Projekte zu bewundern. Er war Verkaufsleiter einer Fensterfirma. Jedes Fenster war ein Unikat. Kunststofffenster. Holzfenster. Aluminiumfenster. Jeweils in vielen verschiedenen flügeligen Varianten, wahlweise mit Ober- oder Unterlicht. Fenster waren so viel mehr als Mittel zum Zweck. Durch Fenster konnte man tief in die Häuserseelen blicken. Konnte sehen, wie deren Bewohner lebten. Was sie besaßen und woran es ihnen fehlte. Manchmal erfuhr man auch, was sie wollten. Wenn während einer Meisterschaft beispielsweise eine Köln-Fahne aus dem Fenster hing, wusste man, dass deren Bewohner sich einen Sieg für ihre Mannschaft erhofften. Bei Phillip war es mit der Zeit schwerer geworden, herauszufinden was er wollte. Am einfachsten war wohl immer noch fragen.

»Wenn du willst, fahre ich morgen zu dir.« Das würde sie wirklich. Mehr als einmal hatte sie ihm geschworen, dass sie ihren Freund für ihn sausen lassen würde. Auch er hatte immer wieder geschrieben, dass er nie jemanden mehr lieben würde als Kathrin. Aber mehr als hohle Worte waren nie übrig geblieben. Seine Angst, etwas zu verlieren, vielleicht ihre gemeinsamen Erinnerungen, war größer. »Es geht nicht.«

Kathrin legte das Handy resigniert auf ihre Oberschenkel. Atmen. Sie schloss ihre Augen.

Es war nicht so, dass sie die Antwort nicht erwartet hätte. Aber ein Funke in ihr, der gar nicht so klein war, hatte immer gehofft, dass der Liebesfunke in ihm irgendwann die Oberhand gewinnen würde.

Kapitel 6

Bitburg, November 2008

Vier Grad. Regen. Nicht der feine Nieselregen, sondern jener mit langen, dicken Strippen. Das Wetter war eigentlich prädestiniert für einen Couch-Kerzen-Leseabend. Aber nicht an einem Freitag. Es war Kajüten-Freitag und Kathrin drehte ihre Runde mit ›Purple Lightning‹, um alle Mädels einzusammeln. Heute feierten sie nicht nur den Freitag, sondern auch Kathrins erfolgreich bestandene Ausbildung. Sie war nun ganz offiziell Kauffrau für Dialogmarketing. Und nicht nur das. Sie hatte auch die Zusage für ihren ersten richtigen Job. Sie würde in der Marketingabteilung von ›Root‹ arbeiten, einem Versandhausriesen. Erst mal nur als Assistentin. Aber Kathrin würde sie alle von sich überzeugen.
Steffi war schon im Wagen und guter Stimmung. Aufwärmphase hatte sie es genannt. Kathrin fand, dass es mehr war, als nur aufwärmen. Für ihren Geschmack hatte Steffi ihren Pegel bereits erreicht, als sie das Auto bestiegen hatte. Aber Kathrin sagte nie etwas dazu. Zum Teil, weil sie ihr leidtat. Sie war nicht annähernd so behütet aufgewachsen wie Kathrin. Ihre Eltern waren nie verheiratet gewesen. Die Mutter immer unterwegs, um ihre Familie mit zwei Jobs über Wasser zu halten. Ihr Vater dauerbesoffen. Es fehlten an Vielem. Vor allem an Liebe. Trotzdem war Kathrin nicht aus Mitleid mit ihr befreundet.

Auch wenn Steffi manchmal erschreckend naiv war, hatte sie eine Sicht auf die Welt, der Kathrin der Zugang fehlte. Und sie konnte verzeihen. Niemand konnte besser verzeihen als Steffi. Sie sagte Dinge wie: »Es macht nichts, dass du heute sarkastisch geworden bist. Du bist eine der wenigen, die sich hinterher auch entschuldigt. Wenn du dich entschuldigen kannst, kann ich auch verzeihen.« Dafür bewunderte sie Steffi.

Im Radio lief der Freitagabend-Remix. DJ Bobos ›Let the dream come true‹. Kathrin mochte weder DJ Bobo noch Remixe. Sie hatte eine ganz besondere Abneigung gegen dieses Lied. Seit Jahren drehte sie das Radio leiser, wenn dieser Song gespielt wurde. So auch heute.

»Hey, warum machst du das aus?«

»Ich hasse dieses Lied.«

»Aber waruuum?« Steffi hüpfte wie ein Flummi auf dem Sitz hin und her, als könne sie die Musik noch immer hören.

»Träume werden nicht wahr, Steffi. Er singt Bullshit.«

»Waaaas? Hast du die Hauptnachrichten des heutigen Tages verpasst? Barack Obama ist Präsident geworden. Barack Obama, Kaddy. Das wäre vor ein paar Jahren noch undenkbar gewesen.«

Wieder einer dieser Vergleiche, die Steffi aus ihrem Analogienhut zauberte. Natürlich war Kathrin das nicht entgangen. Er hatte nicht nur knapp gewonnen, sondern erstaunlich deutlich. Kathrin war nicht sicher, ob diese Tatsache wirklich als Vergleich taugte. Aber Steffi hatte absolut recht mit ihrer Annahme, dass Träume wahr werden konnten. Wenn einer seinen eigenen Traum lebte und den Traum von Millionen Amerikanern, dann war das Barack Obama.

»Du bist eine tolle Freundin, weißt du das?«

»Logisch.«

»Nein, im Ernst, Steffi. Ich fühle mich wirklich gesegnet, dich zur Freundin zu haben.«

»Und schon schließt sich der Kreis.«

»Welcher Kreis?«

»Barack. Das bedeutet *gesegnet.*«

Kapitel 7

Bitburg, Juni 2009

Kathrin las. Eigentlich tat sie in ihrer Freizeit selten anderes. Und wenn sie es tat, musste es gut sein. Manchmal verbrachte sie ganze Nachmittage damit, ein geeignetes Buch zu finden. Selten entschied sie sich für eines, weil ihr der Einband gefiel. Meistens musste der Klappentext gefallen. Nur einmal ist es bisher passiert, dass sie ein Buch nur wegen seines Titels ausgewählt hatte. Gestern war dieser Tag gekommen. ›Dinge, die verschwinden‹ von Jenny Erpenbeck hatte es ihr angetan. Das Cover war für ihren Geschmack wenig ansprechend gewesen. Aber der Titel hatte sie sofort überzeugt. Vor allem, weil sie wissen wollte, welche Dinge es gewesen sein konnten, die einfach verschwanden. Ihr war wieder einmal Phillip in den Sinn gekommen und die ›Sache‹, an die sie eigentlich nicht mehr so oft denken wollte. In dem Buch hatte sich die Protagonistin eines alten Schrankes entledigt. Kathrins Hirn nahm dies als Äquivalenz. Sie stellte sich vor, ihre Jugendliebe wäre der Schrank gewesen und die musste einfach gehen samt ihrer gewichtigen, tiefgreifenden, allumfassenden Seele.

Es gab noch einen, der vor einiger Zeit gehen musste. Und zwar Michael. Er hatte sich zuletzt nur noch in seinem Zimmer verschanzt und ›Call of Duty‹ gespielt. Als er noch ›Herr der

Ringe‹ oder ›Fluch der Karibik‹ spielte, war er ihr lieber gewesen. Obwohl sie auch damit nicht sehr viel anfangen konnte.

Sie lag auf ihrem schwarzen Metallbett mit filigranen Verschnörkelungen am Kopfende. Das hatte sie sich von ihrem ersten Ausbildungsgeld geholt. Wie früher als Kind hatte sie mehr Kissen als Platz in ihrem Bett. Weil sie so oft im Bett las, konnte sie aus den vielen Kissen immer blitzschnell eine Lehne basteln. Farbe, Muster oder Größe hatten sich an keiner besonderen Ordnung unterworfen. Alles war irgendwie anders und trotzdem passte es. Zumindest für Kathrin.

In gewisser Weise wohnte sie noch immer bei ihren Eltern. Es war das gleiche Haus. Aber nicht der gleiche Eingang. Sie hatte eine kleine Einliegerwohnung bekommen, als sie ihr Abitur beendet hatte. Das war praktisch gewesen, weil sie sowohl ihren Drang nach Freiraum ausleben, als auch Geld sparen konnte. Die Mieten in der Gegend waren für eine junge Auszubildende zu hoch gewesen. Und für eine Wohngemeinschaft war Kathrin nie der Typ gewesen. Hier hatte sie viel mehr Freiraum als in einer WG. Ganze 95 Quadratmeter nur für sich. Früher auch für ihren Freund. Aber sie fand es ganz gut, dass jeder von Zeit zu Zeit im eigenen Bett schlief.

Das Bett war von Ikea, wie vieles in ihrem Zimmer. Wenn sie mit ihrer Familie auf Shoppingtour war, landeten nicht nur Dinge ihrer Einkaufsliste darauf. Wie bei vielen anderen Familien, ließen sie sich auch von den unendlich vielen Dekorationsmöglichkeiten mitreißen. So gab es also auch immer Kerzen, Kissenbezüge und Bilderrahmen, manchmal auch Vorhänge. Kathrin war immer wieder erstaunt, wie anders ihr Zimmer aussah, wenn sie ein paar neue Kissen hübsch drapiert hatte. Natürlich kauften sie nicht nur ein, wenn sie im schwedischen Möbelhaus waren. Sie gingen auch richtig schick essen. Auch wenn das ›schick‹ auf Stehtische und Hand Food begrenzt war. Dennoch war es mehr nur ein Gerücht, dass es dort die besten und dennoch einfachsten Hotdogs der Welt gab. Es wird wohl die Umgebung gewesen sein, die diese ›Wurst-in-

Brötchen‹-Mahlzeit so besonders machte. Möglicherweise wurden Pheromone freigesetzt, welche auch in Casinos von Zeit zu Zeit eingesetzt wurden, um Wohlbefinden und Euphorie auszulösen. Dieser Babygeruch wirkte bei einigen Frauen sogar wie eine Droge. Sie haben nicht das Gefühl, dass sie Geld verlieren würden. Sie fühlen sich geborgen. Das musste wohl auch der Grund dafür sein, dass ihre Familie sich nach dem Hotdog immer noch eine Zimtschnecke genehmigte.

Es klopfte. Ihre Mutter steckte den Kopf herein. »Willst du heute mit uns Essen, Kathi?«

Darüber hatte sie noch gar nicht nachgedacht. Auch nicht über Alternativen. »Was gibt's denn?«

»Quark.«

Quark. Phillip hatte Quark gemocht. Ihr wurde klar, wie lange sie nicht mehr an ihn gedacht hatte. Und dann genügte dieses kleine Wort, um ihn geballt zu ihr zurückzubringen. In ihre Gedankenwelt.

»Kathi? Ja zum Quark?«

Sie schloss ihren ausgetrockneten Mund, der unbewusst offengestanden hatte. Sie befeuchtet mit der Zunge ihre Lippen. »Ja, gerne. Danke, Mama.«

Ihre Mutter ging. Die plötzliche Leere setzte sich fest.

Das Telefon blinkte auf. Kathrin hatte den Ton ausgestellt, um ungestört lesen zu können. Weil Alex anrief, ging sie trotzdem ran. Wahrscheinlich würde sie sie fragen, ob Kathrin morgen wieder den Fahrer zur ›Kajüte‹ geben würde. Eines der Mädels fragte immer, obwohl klar war, dass ausschließlich Kathrin ganz nach langjähriger Tradition die Fahrerin war. Sie schätzte diese Anrufe. Immerhin war sie keine Selbstverständlichkeit.

»Hi, Kaddy. Wie geht's?«

»Ich habe gerade gelesen«, sagte sie, als wäre das die ›ganz okay‹-Antwort, die Leute gaben, wenn sie die Wahrheit umgehen wollten. Die Phillip-Wahrheit.

»Was liest du gerade?«

»›Dinge, die verschwinden.‹«

»Ist es gut?«

»Dir wird's wahrscheinlich nicht gefallen. Sind Kurzgeschichten.«

»Nee, ich mag keine Kurzgeschichten.«

»Deswegen sag' ich's dir ja.« Kathrin zog mit einer Kordel die Jalousien auf. Die Sonne schien. Es mussten mindestens 25 Grad sein. Im Sommer sperrte sie das gleißende Tageslicht meist aus, um in Ruhe bei schummrigem Licht lesen zu können. Die Zeit sperrte sie dann ebenso aus.

»Fährst du morgen?« Mehr musste Alex nie sagen. Es war klar, dass es um die ›Kajüte‹ ging.

»Klar«, sagte sie deshalb und öffnete das Fenster.

»Ich kann auch mal fahren. Das weißt du.« Auch das stimmte. Alle Mädels würden mal fahren. Ausgenommen Steffi, die keinen Führerschein hatte. Was ihr Trinkpensum anging, war allerdings ein deutlicher Rückgang zu verzeichnen. Kathrin hatte im vergangenen Dezember, kurz nach Obamas Wahl mal angemerkt, wie sehr sie Steffi als Freundin schätzte. Vor allem dann, wenn sie nicht so viel getrunken hatte. Steffi war damals nicht darauf eingegangen. Trotzdem hatte sie von sich aus weniger Alk bestellt und manchmal mit Kathrin sogar Cola statt Caipi getrunken.

Kathrin setzte sich an das offene Fenster. Direkt davor wuchs ein Himbeerstrauch. Daran hingen die besten und aromatischsten Himbeeren, die Kathrin je gegessen hatte. Wahrscheinlich verströmten auch die Beeren eine Art Pheromon, die Glücksgefühle in ihr auslösten. Sie konnte einfach dort sitzen, ein wenig naschen und dabei telefonieren oder lesen.

»Schon okay«, sagte Kathrin, die gern fuhr. Auch um ›Purple Lightning‹ mal wieder auszuführen.

»Können Himbeeren eigentlich besser werden? So wie guter Wein?«, fragte Kathrin und Alex überlegte laut. »Hmm. Keine Ahnung. Ich bin ja nicht so 'n Himbeerfan. Außer Himbeeren in Himbeermarmelade.«

»Mit Marmeladen kenne *ich* mich nicht aus. Fraktion Käse.«

Alex überging diesen Kommentar. Das tat sie häufiger. Ihr Hirn funktionierte wie ein Scanner: wichtig. Irrelevant. Vorteilhaft – aber nicht jetzt.

»Hab' mir heute Autos angeguckt.«

»Wieso? Deines ist doch noch gut.«

Alex hatte, wie sie, eines zum 18. Geburtstag bekommen. Anders als den meisten in ihrer Klasse wurde ihr jedoch ein Neuwagen geschenkt. Ein roter Honda Civic. Ihre Oma war kurz vorher verstorben. Das Erbe wurde kurzerhand umgewandelt.

»Es gibt gerade Abwrackprämie. Gib dein altes Auto und bekomm ein neues.«

»Mit *alt* sind mindestens neun Jahre gemeint«, sagte Kathrin bestimmt.

»Neun!«

»Ja! Alt halt. Dein Honda ist nicht alt.«

»Ne, aber mein Herz schlägt gerade für den 1er BMW.«

»Aha.«

»Ein weißer 1er und ich. Das passt einfach.«

»Aha«, sagte Kathrin erneut und verstand nichts. Warum musste es immer etwas Neues sein? Konnte man nicht dankbar sein für das, was man hatte? Konnte sie nicht einfach weiterhin in ihrem roten Civic schnittig aussehen? Kathrin war beinahe sicher, dass sie das tat und auch andere es so sahen. Sie hatte das Gefühl, als wäre Alex im Begriff, abzuheben in eine aufgeblasene Sphäre jenseits jedweder Genügsamkeit. Dass ihr manchmal die Relevanz für die wirklich wichtigen Dinge abgingen.

Kapitel 8

Bitburg, Mai 2010

Kathrin saß auf der Couch in Vickys Wohnung und starrte auf den Fernseher. Anders als schätzungsweise zehn Millionen anderer Deutsche hatten ihre Freundinnen und sie sich nicht den Eurovision Song Contest angesehen. Das einzige Mal, dass sie den selbst mitverfolgt hatte, war, als Guildo Horn halb Europa mitgeteilt hatte: ›Guildo hat euch lieb‹. Und das auch nur, weil sie über sieben Ecken miteinander bekannt waren. Als sie aber erfuhren, dass die deutsche Lena gewonnen hatte, schalteten sie doch den Fernseher an.

Auf dem weißen Ikea-Couchtisch stand eine halb volle Schüssel Chips und fünf angefangene Alcopops. In einer überwältigenden, stimmungsfrohen After-Show-Party beschrieb Lena Meyer Landruth gerade die Liebe als eine Kraft, die stärker war als die Schwerkraft. »Es ist Physik, es gibt kein Entrinnen!«

Das gab es auch nicht für Kathrin. Immer wieder wurde sie gedanklich in die Vergangenheit gezogen. Sie dachte an Phillip, an ihre Liebe und an den Tag, als sie sich zum ersten Mal geküsst hatten. Kathrin hatte keine Ahnung, warum sie ausgerechnet jetzt ans Küssen denken musste. Aber so war es.

Sie waren im Park spazieren gegangen und hatten ein Vögelchen beobachtet.

»Guck mal, der Spatz«, sagte Kathrin und zeigte auf ein kleines Vögelchen, das im hohen Gras um einen Baum hüpfte, anstatt zu fliegen.

»Ich glaube, das ist eine Lerche«

»Du kennst dich also aus mit Spatzen und Lerchen?«

Natürlich musste man kein Vogelkundler sein, um das zu wissen. Aber sie selbst war praktisch in der Natur aufgewachsen und verstand von Vögeln in etwa so viel wie von Autos. Absolut nichts.

»Nicht im Detail. Mein Vater hat ein Vogelhaus auf unserem Balkon aufgebaut. Da hüpft ständig irgendetwas rum.«

»In unserem Garten haben wir auch ein Vogelhaus. Aber ich habe noch nie gehört, dass jemand eines auf einem Balkon aufgestellt hat.«

»Eigentlich wollte er einen Hund haben. Aber meine Mutter erlaubt keine Tiere in der Wohnung.«

»Und da hat er sich für ein Vogelhaus entschieden?«

»Na ja, erst wollte er auf eine Katze runterhandeln, dann auf einen Hamster oder ein Meerschweinchen, und schließlich auf einen Wellensittich. Meine Mutter bot dann Fische in einem Aquarium an. Einen kleinen Nemo oder eine Dori. Aber mein Vater sagte, da könnte er genauso gut Oma beim Fensterputzen beobachten. Da ging es auch immer nur im Zeitlupentempo von links nach rechts. Mama war sauer, weil er damit ihre Mutter gemeint hat. Also hat er eingelenkt mit dem Vogelhäuschen.«

Kathrin lachte. Wenn ihre Eltern statt eines Katers einen Wellensittich angeschleppt hätten, hätte sie die Annahme verweigert. Tierliebe hin oder her. Man konnte einen Katzenliebhaber nicht einfach mit einem Federvieh abspeisen. Das war bestenfalls Katzenfutter.

»Seitdem habt ihr also Vögel auf eurem Balkon.«

»Ja, aber nur, solange sie nicht kacken.«

Kathrin lachte wieder. Er brachte sie immer zum Lachen. War es das, was Liebe ausmachte? Sie blieb stehen, um zu beobachten, wie die Lerche in die Krone flatterte. Kathrins Schuhspitzen schauten zueinander, als wären sie miteinander im Gespräch. Das taten sie öfter, als würden sie sich tatsächlich permanent im Austausch befinden.

Als Phillip sich zu ihr drehte, wusste sie, dass sie ihn küssen würde. Da war dieses Glitzern in seinen Augen, das er auch manchmal auf dem Schulhof bekam, wenn er sie angesehen hatte. Darin hatte sie sich verliebt. Also nahm sie seine Hände und zog ihn zu sich herunter.

Sie hatte vorgehabt, wenigstens das rechte Auge offenzuhalten, für den Fall, dass sie gesehen wurden. Aber in diesem magischen Moment, als ihre Lippen aufeinandertrafen, konnte sie an gar nichts mehr denken. Jeglicher Kontrollinstinkt war wie die kleine Lerche davongeflogen.

»Kathrin. Hey, träumst du?« Vicky holte sie wieder ins Jetzt zurück, als hätte sie ein Gespür dafür, wann Kathrin an ihre große Liebe dachte.

»Ein wenig.«

Sie sah wieder auf den Bildschirm, auf dem Lena singend über die Bühne rannte, umringt von zahlreichen Gratulanten. Sie war Deutschlands Traum von Oslo. Wieder ein Traum, der wahr wurde. Wann würde es bei ihr so weit sein?

Kapitel 9

Bitburg, September 2010

Sie liebte den Herbst, weil es nicht nur die besten Farben gab, sondern oft auch die besten Filme. Heute hatten sie ›Alles, was wir geben mussten‹ gesehen und musste noch immer durchatmen. Vicky wirkte sogar ein wenig bleich. Vielleicht hatte sie aber auch nur zu viel Popcorn genascht.

Jetzt saßen sie wieder an der Bar. Vor ihnen die Getränkekarten. »Ich kann nicht bestellen. Mach du, Kaddy«, sagte Vicky.

Natürlich dachte sie, dass Teflon-Kaddy sich durch einen Film nicht aus der Ruhe bringen lassen würde. Aber sie lag falsch. Kathrin hatte immer schon geglaubt, dass das Schicksal bestimmte, wohin der Weg einen führen würde. Was aber war, wenn dieser Weg kein Happy End zum Ziel hatte?

In dem Film sind drei Freunde in den idyllischen Hügeln Englands aufgewachsen. Alles schien perfekt. Das war es aber nicht. Ihr Schicksal sah vor, dass sie jemand anderem bei Bedarf ein Organ spenden würden. Sie waren von Anfang an als Ersatzteillager angelegt worden. Das war ihre Bestimmung. Wenn eine Niere gebraucht wurde, durfte man weiterleben. Der Spender hatte, wenn alles gut ging, eine weitere funktionsfähige. Was aber, wenn das Herz gebraucht wurde?

»Ich glaube kaum, dass diese Geschichte einem möglichen Zukunftsszenario sehr nahekommt«, sagte Steffi.

Kathrin sah es genauso. In dieser Form war das Schicksal sicher nicht vorhersehbar. Aber was, wenn doch?

Der Kellner stand vor ihnen, um die Bestellung aufzunehmen. Kathrins Automatismus lief an. Wein für Vicky. Schorle für Steffi. Aprikosen-Caipi für sie selbst. Sie wusste das alles, daher konnte sie es auch aufsagen. Alles war wie immer. Und trotzdem war alles auch anders.

»Was wäre, wenn wir nichts von dem Leben, das wir uns erträumen, bekommen würden? Wenn einfach feststehen würde, dass wir allein bleiben sollen?«, fragte Kathrin.

»Warum sollte das Schicksal das wollen?« Steffis Antworten steckten immer auch voller Fragen. Ein Schicksal hatte keinen Willen. Es war einfach nur da.

»Keine Ahnung. Es steht fest. Ohne Grund.«

»Nichts geschieht ohne Grund«, sagte Vicky.

Auch das stimmte. »Ich frage mich nur, ob das Schicksal irgendwie abänderbar ist. Oder ob wir ihm ausgeliefert sind«, sagte Kathrin.

»Gute Frage.« Alex lieferte selten Antworten, hakte sich aber gern bei den großen Fragen ein. »Inwieweit ist das Schicksal vorherbestimmt?«

Für eine Weile schwiegen sie. Das taten sie nicht oft.

Der Kellner kam mit einem Tablett voller Getränke zurück. Er stellte ab und Steffi verteilte.

Kathrin wollte daran glauben, dass alles irgendwie beeinflussbar war. Wenn sie gut zu anderen war, mussten ihr selbst doch auch gute Dinge widerfahren. Das war der Kreislauf, der alles bestimmte. Oder etwa nicht?

Der Kellner war gegangen. Die Fragen waren geblieben.

»Gott würfelt nicht«, sagte Vicky, als sie wieder allein waren.

»Was?«, fragte Alex.

»Das war, was Einstein über das Schicksal dachte.«

Ausgerechnet Gott. Kathrin hätte fast jede Erklärung akzeptiert. Aber an eine Erklärung, in der Gott involviert war, wollte sie nicht glauben. Aus Prinzip.

»Das Universum ist nach vernünftigen und logischen Gesetzen aufgebaut. Mehr wollte er damit nicht sagen.« Steffi erklärte es so, dass es auch für Kathrin einen Sinn ergab. Das gab die Verantwortung zurück in die Hand des Einzelnen. Wenn man sich an die großen, allgemeingültigen, übergeordneten Universum-Gesetze hielt, konnte alles gut werden. Genau das tat auch Kathrin. Sie vertraute darauf, irgendwann mit ihrer Liebe belohnt zu werden. Alles, was sie dafür tun musste, war, sich an die Naturgesetzte zu halten, die zufällig auch den christlichen Werten entsprachen: hilfsbereit sein und freundlich und hin und wieder auch teilen. Und das tat sie. Das Schicksal konnte ihr also ohne Weiteres die große Liebe schenken.

Kapitel 10

Bitburg, Mai 2011

»Ich muss herausfinden, wo er wohnt.« Kathrin kniete auf dem extra breiten XXL-Sofa ihrer Freundin Alex und hatte das Buch ›Zwei an einem Tag‹ von David Nicholls auf ihren Schoß gelegt.

»Nur wegen dieses Buchs? Kannst du ihn nicht einfach vergessen? Das ist nun schon so viele Jahre her.« Alex sah sie an, als würde sie eine Schizophrene vor sich haben. Eine, die Probleme damit hatte, sich in der wirklichen Welt zurechtzufinden, und immer wieder nach einem Ideal strebte, das es so nicht geben konnte.

Alex lag teilweise richtig, falls sie das dachte. Kathrin fühlte sich tatsächlich manchmal wie in einer fremden Welt. Glaubte, dass das wirkliche Leben noch auf sie wartete. Der ewige Chorus in ihrem Kopf fand kein Ende. Der Höhepunkt eines wundervolles Refrains und die leidvollen, immer wiederkehrenden, nicht enden wollenden Wiederholungen.

»Unser Kind würde in diesem Jahr eingeschult werden. Kannst du dir das vorstellen? Ich als Mutter eines Schulkindes?« Kathrin war gerade vierundzwanzig geworden und fühlte sich alles andere als mütterlich. Trotzdem hatte sie immer wieder an das ungeborene Leben denken müssen.

»Würdest du genauso handeln und fühlen, wenn das Kondom damals nicht geplatzt wäre?« Alex zog wahllos Bücher aus dem Regal und sortierte sie an anderer Stelle wieder ein. Sie dekorierte immer mal wieder etwas um. Das war ihr Tick.

»Ich glaube nicht, dass es dieses Erlebnis war, das unsere Liebe einmalig gemacht hat.«

»Sondern?«

»Vielleicht war es der Reiz des Verbotenen.« Sie erinnerte sich an ihr erstes gemeinsames Date. »Als wir uns zum ersten Mal getroffen haben, mussten wir es heimlich tun. Ich kann noch immer die Aufregung in meinem Bauch spüren.« Kathrin rieb sich über ebendiesen. »Es war so ein besonderer, perfekter Tag, an dem alles gestimmt hat, wie man es nur selten erlebt: Die warme Septembersonne hat die weiten Felder golden leuchten lassen.«

»Mein Gott, bist du kitschig«, sagte ausgerechnet diejenige, die gerade einen weißen Kuschelhasen auf ihrem flauschigen Sofakissen drapierte.

»Es war kitschig. Wir sind stundenlang auf den wunderschönen Feldwegen Bitburgs spazieren gegangen. Endlich konnten wir Händchen halten. Im diesem besonderen Moment waren wir einfach überflutet von unserem Glück. Und die Krönung dieses perfekten Tages war dann unser erster Kuss.«

»Du bist doch sonst nicht so verträumt.«

»Genau das ist es«, rief Kathrin. »*Das* ist es. Bei jedem anderen Mann bisher war es nicht annähernd so romantisch. Als ich damals zurück in die Realität musste, war es wie ein Sprung ins eiskalte Nass.«

Da war er wieder, dieser therapeutische Alex-Blick, der das Ambivalente in dem Gesagten zu erkennen glaubte. Vielleicht war das alles nur eine Illusion. Kathrin musste es herausfinden.

»Und du glaubst, wenn er das Buch liest, wird sein romantisches Herz ihn zu dir führen?«

Kathrin sah auf das Buch in ihrer Hand. Die Liebe dort hatte ihre Chance. Das Leben der Liebenden darin war dem ihren nicht unähnlich. Auch sie hatten sich als Jugendliche kennengelernt und wurden durch das Schicksal voneinander getrennt. Auch sie hatten über Jahre versucht, zueinanderzufinden. Doch immer, wenn sie es versucht hatten, war einer der beiden in anderen Beziehungen gebunden gewesen. Genauso war es bei Kathrin und Phillip.

»Ich weiß nicht, ob es ihn zu mir führen wird. Eigentlich weiß ich gar nicht, was ich mir davon erhoffe. Aber ich will, dass er weiß, dass ich noch immer an ihn denke.«

»Kannst du ihm nicht einfach eine SMS schicken?«

»Nein.« Kathrin presste die Lippen aufeinander.

Das Leben bot einem nicht unendlich viele Chancen. Sie hatte das Gefühl, nun aktiv werden zu müssen. Vor einer Woche war die Ostküste Japans von mehreren Tsunami-Wellen heimgesucht worden. Beschädigte Kernkraftwerke. Kernschmelze. Nukleare Katastrophe. Radioaktive Verseuchung. Leid und Tod. Das alles innerhalb weniger Tage. Ausgelöst durch ein Erdbeben, das keiner kommen gesehen hatte. Zumindest nicht in dem Ausmaß. Morgen konnte alles vorbei sein. Kathrin wollte sich nicht sagen lassen, dass sie nicht alles für ihr Glück getan hätte.

»Weißt du noch, wie das damals bei Robert war?«, fragte Alex. »Die Aufregung in den ersten Monaten, weil er viel älter war als du und dir Momente geschenkt hat, von denen du vorher nur geträumt hast? Der Zauber der lauen Sommernächte, als wir zu dritt nackt in die Kiesgrube gesprungen sind?«

Natürlich konnte sich Kathrin an ihre erste Liebe erinnern. Alex hatte noch keinen festen Freund gehabt und war deshalb oft mit ihnen an den See gefahren.

»Was heißt nachts? Es war nie später als neun.«

»Darum geht's nicht.« Alex wischte ihren Einwand mit einer Handbewegung beiseite. »Ich rede von dem Gefühl, das euch umgab. Die Spannung und der kaum zu bändigende Drang, beieinander zu sein. Ständig habt ihr aneinandergeklebt. Wenn ich dich mal sehen wollte, war er immer dabei.«

»Du hattest nie gesagt, dass dich das gestört hat.«

»Hat es nicht wirklich. Ich hab' mich ja für dich gefreut. Weil ich das alles gefühlt habe. Die Liebe, die euch unzertrennlich gemacht hat. Bei Phillip fühle ich das nicht. Wenn ihr unbedingt zusammen sein wolltet, wärt ihr das auch irgendwann gewesen.«

»Es geht ja auch nicht darum, dass *du* etwas fühlst, sondern ich.« Kathrin verstand nicht, warum sie ihre Liebe zu ihm immer wieder erklären musste. Sie verstand es ja selbst nicht. Ihre gemeinsame Zeit war nicht länger als ein Flügelschlag im Leben einer Libelle gewesen. Und dennoch fühlte sie eine schwer zu ertragende Sehnsucht. Besonders in den Momenten, in denen sie sich einsam fühlte.

»Du weißt doch, dass die Geschichte aus dem Buch mit ihrem viel zu frühen Tod endet. Was zum Teufel soll ihm das sagen?« Alex setzte sich neben Kathrin auf die Couch. In ihren Augen stand Resignation.

»Dass er endlich in die Gänge kommen soll, bevor auch *ich* sterbe.«

Und vielleicht, dass später manchmal zu spät sein konnte, und dass die vielen Jahre, die einem dann fehlten, nie zurückkehrten.

Kapitel 11

Köln, Oktober 2012

»Er muss hier irgendwo wohnen.« Kathrin und Alex liefen seit einer Stunde durch Köln, um Phillips Adresse zu finden. Seit er ihr im vergangenen Jahr die Adresse verraten hatte, um ihm das Buch ›Zwei an einem Tag‹ zu senden, war er nicht umgezogen. Eigentlich hatte sie nur Alex besuchen wollen, die seit ein paar Monaten in Düsseldorf lebte. Doch das Wissen, dass auch Phillip hier irgendwo war, löste eine Art Drang in ihr aus. Sie wollte ihm nahe sein. Auch, wenn sie nicht vorhatte, ihn unvorbereitet zu überraschen. Ihr Drang war kontrollierbar. Etwas anderes wäre es natürlich, wenn sie sich zufällig über dem Weg laufen würden.

»Bist du eigentlich wegen mir nach Düsseldorf gekommen oder wegen ihm?«

Berechtigte Frage.

»Wegen *dir* natürlich.«

»Ich frage ja nur, weil wir hier seit einer halben Stunde umherirren wegen *ihm* und wir nur wegen *ihm* extra von Düsseldorf nach Köln gefahren sind.« Alex hatte aus ihrer Ablehnung ihm gegenüber nie einen Hehl gemacht. Kathrins Faszination für Phillip war für sie ein großes Mysterium.

»Wir gehen gleich in das kleine Café mit Außenterrasse. Sofort, nachdem ich ihm den Zettel in den Briefkasten geworfen habe, okay?«

Damit hatte sie ihre Freundin. Das wusste Kathrin genau. Sie liebte das toskanisch anmutende Flair dieser Terrasse. Sie würden Wein trinken, Menschen beobachten und vielleicht ein Häppchen essen. Wobei das mit den Häppchen wörtlich gemeint war. Beide versuchten immer mal wieder, auf ihre Ernährung zu achten. Alex gelang das mehr. Kathrin genehmigte sich hinterher oft noch gern einen Schoko-Brownie mit Vanilleeis. Der Gedanke daran motivierte ihre müden Beine.

»Okeey«, antwortete Alex gedehnt. »Hat er das Buch eigentlich gelesen?

»Er hat es gelesen. Es hat ihn genauso berührt wie mich.« Das war nicht geflunkert, aber auch nicht die komplette Wahrheit. Phillip hatte ihr geschrieben, dass er zum Schluss Tränen in den Augen hatte. Das würde sie Alex aber nicht sagen. Sonst käme irgendein Kommentar, der eventuell das Wort ›weichgespült‹ beinhaltete.

Alex zog beide Brauen nach oben. Sie grübelte. »Anscheinend hat er es trotzdem nicht so eilig, endlich zu dir zu finden.«

Das war hart. Auch wenn Kathrin das ihr gegenüber nie gesagt hatte, kränkte sie Alex' direkte Art manchmal. Kathrin vermutete, dass ihre Freundin sauer war. Schließlich sollte das ein Mädels-Wochenende werden. Dabei war Alex ihr genauso wichtig. Auch wenn Phillip sehr oft präsent war in ihrem Kopf, war sie tatsächlich wegen ihrer Freundin nach Düsseldorf gefahren. Seit sie weggezogen war, fehlte ihr etwas in der Heimatstadt. »Bitburg ist nicht mehr das Gleiche, seit du weg bist.«

Alex beugte sich zur Seite, weil ein auf den Gehweg reichender Strauch ihren Anorak streifte.

»Wie ist denn dein neuer Job?«, fragte Alex.

Kathrin hatte ihren Job bei Root sausen lassen. Zwar hatte sie es nach zwei Jahren geschafft, ihrer Rolle als Assistentin zu entwachsen. Aber ansonsten blieb alles gleich. Rechner an. Kaffee kochen. Eingehende Nachrichten checken. Soweit so normal. Wenn es ans Kreative ging, veränderte sich aber auch nichts. Die Texte drehten sich immer um die eine Sache: ›Root‹.

Den Namen bekannt machen. Vertrauen aufbauen. Sie hatte genug von ›Root‹. Also hatte sie sich beworben und ein halbes Jahr später die Zusage für eine Großkanzlei bekommen. Notare, Anwälte und sogar ein Steuerberater. Alles unter einem Dach.

»Die neue Aufgabe ist klasse. Aber an die Leute muss ich mich erst noch gewöhnen.«

»Stock im Arsch?«

»Nicht alle. Einer ist richtig cool. Aber mit dem habe ich nicht so viel zu tun.«

»Ahh, wie cool denn genau?« Alex zwinkerte ihr zu.

»Er ist zu alt. Außerdem bin ich noch nicht bereit für etwas Neues.« Kathrin hatte nach der Trennung von Root auch ihren letzten Freund verabschiedet. Die Liebe war nicht groß genug gewesen. Nicht so groß wie bei ihr und Phillip. Immer, wenn Kathrin einen Job wechselte, hatte sie das Gefühl, ihr altes Leben komplett umstülpen zu müssen. Wie bei einer Generalüberholung.

»Verstehe. Und wie geht's deinem Papa?«

Damit hatte sie Kathrins wunden Punkt getroffen. Ihr Vater war seit Jahren an Darmkrebs erkrankt und mit Alex war eine ihrer wichtigsten Vertrauten gegangen. Die Erkrankung ihres Vaters war etwas, das sie nicht jedem mitteilte. Auch wenn sie offen damit umging, wusste nur Alex, wie sie sich fühlte.

»Ein bisschen besser. Die Chemo hat angeschlagen. Manchmal habe ich das Gefühl, diese Krankheit nicht genug zu würdigen. Sie ist so sehr in unserem Alltag integriert, dass es für unsere Familie schon normal ist, einen kranken Vater zu haben.«

»Ich verstehe, was du meinst.«

»Ist das nicht falsch?«

»Ich weiß nicht, wie es mir dabei gehen würde. Mit Sicherheit genauso.«

Vor einem beigefarbenen Mehrfamilienhaus blieb Kathrin unvermittelt stehen. Nummer 35. Der Rasen gekürzt, die

Bäume parallel zum Fußgängerweg angeordnet. In deren Schatten ein paar saisonale Blumen. Nichts war dem Zufall überlassen. Hier würde Kathrin sich nicht wohlfühlen. Aber in einer Beziehung musste man wohl Kompromisse eingehen. Vielleicht war Phillip derjenige, der diesen Ort hier akzeptierte. Oder war er es, der diese Symmetrie in seinem Leben brauchte? Ihr wurde klar, wie wenig sie inzwischen über ihn wusste.

Neulich fragte sie sich, wie Felix Baumgartner sich gefühlt haben musste, als er vor ein paar Wochen mit über eintausend Sachen pro Stunde aus dem All auf die Erde zugerast war. Hatte er zumindest für kurze Zeit auch diese Ohnmacht gespürt? Das Gefühl, dass man nichts beeinflussen konnte, weil alles im Leben seinen Lauf nahm? So oder so? Natürlich hatte er die Sicherheit seines Fallschirmes im Hinterkopf gehabt. Es war generell gut, einen gestärkten Rücken zu haben. Letztendlich war er deshalb ja auch sicher gelandet. Trotzdem blieb die Ungewissheit. Die Gefahr. Phillip könnte wütend werden. Vielleicht den Kontakt komplett kappen. Das wäre schlimmer als ihre sporadischen Nachrichten mit mehr oder weniger emotionalen Momenten.

Ein großer, durchtrainierter Mann mit einer auffallenden Tätowierung auf seinem rechten Oberarm lief mit einem kleinen Pudel vorbei. Die beiden passten auch nicht zusammen. Vielleicht führte er den Hund seiner Freundin aus. Oder er wollte, wie Kathrin, von Zeit zu Zeit einfach mal etwas Neues ausprobieren. Nur weil man selbst wie ein Bullterrier aussah, musste man nicht einen ebendieser an der Leine halten. Der Hund kackte auf den glatt rasierten Rasen. Irgendwie passte das. Es machten diesen Rasen weniger vollkommen. Endlich wirkte er nahbar. Der erwachsene Bullterrier hatte jedoch sofort eine kleine Plastiktüte zur Hand, mit der er den Hundeunrat aufheben konnte. Nun war es wieder eine Wiese ohne Tadel. Passend zur Umgebung. Kathrin gehörte nicht hierher.

Schnell fischte sie einen weißen Zettel aus ihrer Handtasche und faltete ihn auseinander.

»Ich war hier«, stand darauf.

»Und du glaubst, er wird wissen, wer damit gemeint ist?«

Kathrin faltete den Zettel wieder zusammen und steckte ihn in den Briefkasten. »Ganz sicher.«

Kapitel 12

Bitburg, Juni 2013

Kathrin hatte sich tief unter ihrer Bettdecke vergraben. Das aufgeschlagene Buch auf ihrem Nachttischschrank hatte sie nicht angerührt. Dan Browns ›Inferno‹. Ein gutes Buch. Aber sie war zu abgelenkt. Den ganzen Tag hatte sie nachgedacht. Erst über sich und über ihr Leben. Über ihren Mut, der mal da war und sie dann wieder verließ. Am längsten dachte sie aber über Edward Snowden nach. Der war vor einigen Monaten aus seinem Heimatland geflohen, um seinen Prinzipien zu folgen. Er wollte aufklären. Seine eigene Reputation stellte er hintenan. Selbst das Glück mit seiner Frau. Wie mutig musste man sein, um das auszuhalten? Warum konnte Kathrin selbst das nicht? War sie feige? Musste man alles aufs Spiel setzen, um glücklich zu werden?

Kathrin war gerade ihrer ersten Life-Crisis entwachsen. Im vergangenen Jahr war sie fünfundzwanzig geworden. Das erste Life-Quarter war abgehakt. Als sie fünfzehn war, hatte sie sich einige Ziele gesteckt, die sie mit fünfundzwanzig erreicht haben wollte. Nichts Besonderes. Nur einen Mann, ein Haus, einen Doktortitel und vier Kinder. Das hielt sie damals für realistisch. Als sie dann die magische fünfundzwanzig erreicht hatte, und feststellen musste, dass sie nichts davon umsetzen konnte, es nicht einmal in greifbarer Nähe war, überkam sie eine Übellaunigkeit, die lange nicht abzustellen war. Erst vor ein paar Wochen, als sie endlich sechsundzwanzig geworden war, war die Hürde geschafft. Als wäre dann alles anders. Mit fünfundzwanzig musste man all das erreichen. Mit sechsundzwanzig war es völlig belanglos, was oder wie viel man tatsächlich erreicht hatte. Sie hatte sich frei gefühlt. Alles war wieder wie vorher. Wichtig war nur, dass sie glücklich war. Und das war sie. Alles schien gut und richtig. Sie hatte ihre Freunde und einen Job, der ihr gefiel.

Und dann kam Edward Snowden.

Seit ein paar Wochen wurde von nichts anderem mehr geredet als von dem Whistleblower, der geheime Informationen weitergereicht hatte. Wohlwissend, dass die Vereinigten Staaten ihn dafür einsperren würden. Natürlich nur, wenn sie ihn kriegten. Ein Mann, der alles aufgegeben hatte wegen seiner Ideale. Also fragte sie sich wieder: Hatte sie selbst eigentlich Ideale? Lohnte es sich, dafür zu kämpfen? Oder sollte sie weiterhin ihrem Glücksprinzip folgen: glücklich auch ohne Phillip. Und der ewige Kreislauf ihres Phillip-Universums öffnete sich erneut. Sie fragte sich, ob er wohl glücklich war. Oder wenigstens zufrieden.

Phillip hatte auf ihre ›Ich-bin-hier‹-Nachricht im vergangenen Jahr nicht reagiert. Erst war sie traurig gewesen, dann wütend. Später hatte sie sich gefragt, ob seine Freundin die Botschaft gefunden haben könnte. Vielleicht hatte sie einen Streit ausgelöst und Kathrin war die Ursache dafür gewesen. Herausfinden konnte sie das nur, indem sie ihn fragte.

»Wie geht's dir?«, tippte sie in ihr Handy. Sie hielt es für besser, unverfänglich einzusteigen. Der Bildschirm blieb schwarz. Eine Minute. Dann zwei. Kathrin nahm ›Inferno‹ wieder in die Hand. Vielleicht doch noch einen Versuch starten. Es half nichts. Sie las die Worte, ohne dass sie einen Sinn ergaben. Ihre Konzentration war heute auf dem Weg von der Arbeit nach Hause verloren gegangen.

Ihr Handy blinkte. Eine Nachricht: »Geht so. War kein guter Tag.«

Kathrins Herz klopfte. Eine Nachricht von ihm. Endlich. »Was ist passiert?«

»Hab' einen Auftrag verloren.«

»War der Auftrag dir wichtig?«

»Mir weniger. Aber meinem Chef. Ich mochte den Kunden nie. Manchmal stimmt die Chemie einfach nicht.«

»Dann soll dein Chef doch den Kunden betreuen.«

»Mein Chef mag den Typen eigentlich auch nicht. Viel zu fordernd. Deshalb hat er ihn ja auf mich abgewälzt.«

»Und warum wollte er den dann unbedingt behalten?«

»Es war sein viertes Projekt mit ihm. Der bringt viel Geld.«

Scheinbar war die Frage nach Geld die Antwort auf alles.

»Es werden sicher neue kommen.«

»Davon gehe ich aus.«

Normalerweise plätscherten ihre Nachrichten nicht nur so dahin. Diesmal war es anders. Als hätte ihre Beziehung sich verändert. Sofern sie jemals eine gehabt haben sollten. Eine traurige Ernüchterung machte sich in ihr breit. Kathrin wollte das nicht. Über Arbeit konnte sie auch mit ihrem Chef reden. Oder mit seiner Sekretärin.

»Ich war im letzten Jahr in deiner Nähe.« Sie musste wissen, ob er ihre Briefkasten-Nachricht bekommen hatte. Auf eine womöglich negative Antwort war sie gefasst.

»Ich weiß.« Das war alles. Die Enttäuschung traf sie frontal. Kein Airbag. Kein Sicherheitsabstand. Sie strich eine nach vorn gefallene Haarsträhne hinter das Ohr. »Da hätte ich besser mit mir selbst reden können«, murmelte sie leise. Dann blinkte ihr Handy wieder auf. »Es war ein irres Gefühl, zu wissen, dass du in meiner Nähe warst.«

Sie lehnte sich laut ausatmend, fast wie beim Yoga, an das Kopfende ihres Bettes. Na endlich. Phillip war zurück.

»Ich hätte mich gefreut, von dir zu lesen. Im letzten Jahr, meine ich.«

»Ich wohne nicht allein. Normalerweise leert sie den Briefkasten. Ich war froh, dass ich ihr diesmal zuvorgekommen bin.«

Ein kleiner Stich. Sie wusste, dass es sie gab. Natürlich war sie auch Teil seines Lebens. Es war klar, dass sie sich auch den Briefkasten teilten. All das war klar. Und dennoch schmerzte es.

»Ich stehe deinem Glück nicht im Weg.« Das war ihr Ernst. Wenn er nicht nur zufrieden, sondern sogar glücklich war, würde sie sich dem nicht entgegenstellen.

Kapitel 13

Bitburg, Juli 2014

Überall hupende Autos, die in Autocorsos durch die Straßen fuhren. Jedes zweite mit einer Deutschlandfahne am Fenster. Man fühlte Gemeinsamkeit und Triumph. Vielleicht war Kathrin die Einzige im Land, die das nicht fühlte. Fußball war ihr egal. Selbst wenn Deutschland Weltmeister war. Wobei, ganz allein war sie mit ihrer Fußballgleichgültigkeit nicht. Alex war ja bei ihr, die dem Sport ebenfalls nichts abgewinnen konnte. Sie hatte Kathrin besucht und mit ihr zusammen den Independent-Film ›No Turning Back‹ mit Tom Hardy im Kino angesehen. Eine in jeder Hinsicht bessere Alternative zum Fußball. In nur neunzig Minuten war die Welt der von Hardy gespielten Hauptfigur zerfallen. Mit zerfallenen Welten kannte Kathrin sich aus. Auch ihre eigene fiel von Zeit zu Zeit in sich zusammen. Meistens war es, wenn Phillip geschrieben hatte.

»Ich wünschte, ich würde Fußball mögen«, sagte Alex.

»Wieso das?«

»Es muss Spaß machen, laut hupend durch die Gegend zu fahren.«

»Das kannst du doch auch.«

»Neee, ich mag doch gar kein Fußball«, sagte Alex mit gekräuselter Nase.

»Das weiß doch keiner. Hast du deinen Autoschlüssel dabei?«

»Ja, schon, aber …«

»Nichts aber. Wenn du auch gern wie ne Irre durch die Gegend fahren willst, ist das jetzt die einzige Möglichkeit. Morgen müssen sich alle wieder an die Straßenverkehrsregeln halten.«

Alex lachte. »Wenn du meinst.« Sie holte den Schlüssel aus ihrer Handtasche und entriegelte den Wagen. Ein weißer 1er BMW. Der passte zu Alex.

Kathrin hatte sich auf den Beifahrersitz gesetzt und die Lehne für eine entspanntere Sitzposition nach hinten gekurbelt. Noch bevor sie sich angeschnallt hatte, fuhr Alex bereits rückwärts raus. Sofort beschleunigte sie den Wagen und fuhr mit überhöhter Geschwindigkeit aus der Seitenstraße. Kathrin wurde an die Wagentür gedrängt, als das Auto mit quietschenden Reifen in die Hauptstraße abbog.

»Ich dachte, du wolltest nur hupen und nicht rasen«, rief Kathrin.

»Ich will den Anschluss nicht verlieren«, sagte Alex und zog die Geschwindigkeit weiter an.

»Und ich will mein Leben nicht verlieren, also brems ab.«

»Also schön.« Alex nahm den Fuß vom Gaspedal. Das Auto wurde langsamer. Weiter vorne schaltete die Ampel auf Rot. Alle anderen verrückten, hupenden Autofahrer mussten anhalten. Das Hupkonzert wurde lauter. Männer lehnten sich aus den Fenstern und schrien: »Wir sind Weltmeister.«

Kathrin kurbelte die Scheibe nach unten.

»Was tust du?«, fragte Alex.

»Wir wollen doch nicht unangenehm auffallen.« Kathrin beugte sich aus dem Fenster und stieg in das Gebrüll der anderen ein. »Ich liebe dich, Phiiiilliiip.«

»Waaaas? Das hat doch gar nichts mit Fußball zu tun.«

Kathrin drehte sich wieder rein. »Wieso gibt's da Regeln?«

Alex lachte und kurbelte ihre Scheibe ebenfalls runter. »Ich liebe dich, Pauuuul.«

Kathrin lachte. Paul war seit zwei Jahren ihr fester Freund.

»Paul ist nicht da«, antwortete eine gedämpfte Stimme vom Bürgersteig.

»Und ob er das ist«, erwiderte Alex lachend.

Sie fuhren weiter. »Kathrin, es ist beschlossen. Du musst unbedingt heiraten, damit wir wieder Autocorso fahren können.«

»Warum heiratest du nicht deinen Paul? Ich glaube nicht, dass Phillip mich so bald heiraten wird.«

Alex legte eine Hand auf Kathrins, ohne den Blick von der Straße zu wenden. »Liebst du ihn wirklich noch?«

Kathrin sah hinunter auf ihre beiden Hände. »Ich weiß es nicht. Vielleicht wird ein Teil von mir ihn immer lieben.«

Für einen Moment schwiegen sie. Dann wurde Alex von einer spontanen Erleuchtung getroffen. »Wir können bei Vickys Hochzeit Autocorso fahren.«

Themenwechsel. Das war exemplarisch für Alex. Der Autocorso musste nun Priorität haben.

»Stimmt, wir fahren auf ihrer Hochzeit Autocorso.« Kathrin stimmte ihr einfach zu. Das tat sie immer, wenn Alex Themen-Hopping betrieb.

Vicky war die erste Freundin aus ihrem Freundeskreis, die ihre Langzeitliebe heiraten würde. Kathrin beneidete sie darum. Wenn sie gekonnt hätte, hätte sie sich Phillip geschnappt. Aber der war noch immer in anderen Händen. Wäre sie Russland gewesen, hätte sie einfach kurzen Prozess gemacht. Russland hatte sich im Frühjahr die Krim einverleibt, obwohl die Insel eigentlich zu jemand anderem gehörte. Russland hatte niemanden gefragt, ob die Krim auch zu Russland gehören wollte. Warum fragen? Man behauptet einfach *so isses* und alle Beteiligten mussten das akzeptieren.

Kathrin war aber kein Erzwinger. Generell ließ Liebe sich nicht erzwingen. Phillip musste, wie die Liebe es immer tat, auf magische, alles überwindende Weise zu ihr finden.

Kathrin lehnte sich zurück auf ihrem Gartenstuhl und genoss gemeinsam mit ihrem Vater den Sonnenuntergang. Diese gemeinsamen Abende waren rar geworden. An denen taten sie nichts weiter, als dem Tag dabei zuzusehen, wie er ging. Zu sehr waren andere Dinge in den Mittelpunkt gerückt. Ihre Freundinnen vor allem. Manchmal auch Partner, die immer mal wieder Teil ihres Lebens waren. Ihr Vater gönnte sich eine Weinschorle. Kathrin hatte sich nur einen Kaffee geholt und ein Buch, das sie dann aber nicht las. Heute war einer der Tage, an denen sie nicht lesen konnte. Warum, hätte sie nicht sagen können. Vielleicht war es genau das Bewusstsein um diese seltenen Momente und die Vergänglichkeit, die damit einherging.

»Ich bin gestern mit Alex Autocorso gefahren.«

»Ach was. Für welche Mannschaft hast du gejubelt?«

Ihr Vater wusste, dass ihr der gestrige Sieg von Deutschland und der Weltmeistertitel nichts bedeutete.

»Für keine. Wir haben das Leben gefeiert, denke ich.«

»Das solltet ihr viel öfter tun.«

»Manchmal fehlen einfach die Gelegenheiten.«

Ihr Vater nahm einen Schluck von seiner Schorle. »Das Leben bietet genug Gelegenheiten. An jedem einzelnen Tag. Man muss sie nur erkennen.«

Kathrin lächelte. Zu ihm passte das. Er überraschte seine Mitmenschen oft mit seinen Ideen. Die mussten nicht mal besonders originell sein. Es war wohl die Spontaneität, mit der er andere mitzog. Letzten Dienstag hatte er den Pool aus dem Schuppen geholt und aufgebaut. Obwohl die Nächte noch immer oft an der Null-Grad-Grenze kratzten. Er hatte gesagt, dass der Sommer ihm zu weit weg und das Leben zu kurz wäre, um zu warten. Warten aufs Wochenende. Warten auf dreißig Grad. Warten, bis der Kasten Bitburger wieder im Angebot war. Er wollte nicht mehr warten.

»Weißt du, was ich besonders an dir mag?«, fragte Kathrin.

»Erzähl's mir.«

»Während die meisten auf die Erfüllung der Versprechen von morgen warten, sind nur die wenigsten dazu in der Lage, zu genießen, was heute ist. Niemand kann das wie du, Papa.«

»Ich werde dir mal sagen, warum das so ist.« Er tippte mit dem Zeigefinger in die Luft. »Wenn du weißt, dass die polaren Eiskappen abschmelzen und das Wasser steigt. Wenn du weißt, dass irgendein Irrer in einer Höhle sitzt und den nächsten Anschlag plant. Wenn du weißt, wie viele nukleare Arsenale es gibt und dass sie in der Lage sind, die Welt, so wie wir sie kennen, auslöschen zu können. Und wenn du *dazu* auch noch Krebs hast. Dann hat das *Heute* höchste Priorität. Wenn du dann an einem klaren Abend hier draußen im Garten sitzen kannst bei einem Glas Wein mit deiner großen Tochter, ist das Heute einfach alles.«

Kapitel 14

Bitburg, November 2014

Weiße Wände, sterile Umgebung, medizinischer Geruch. Kathrin hatte erwartet, irgendwann wieder hier zu sein. Sie hatte jedoch nicht damit gerechnet, dass sie selbst, mit gerade siebenundzwanzig Jahren, die Patientin sein würde. In ihrem Arm steckte eine Kanüle. Daran befestigt war ein Schlauch, der das Leben in ihr erhielt und sie mit Flüssigkeit versorgte. Umgeben von rhythmischen Piepstönen und Monitoren mit getakteten Messungen ihrer Vitalfunktionen.

Kathrin atmete schwer ein und wieder aus. Der Sauerstoff genügte dennoch nicht, um ihre Lungen zu füllen. Es war, als stieg sie einen Berg hinauf. Jeder Schritt eine Qual, jede noch so kleine Bewegung ein Martyrium. Trotzdem konnte sie nicht anhalten. Etwas in ihr trieb sie immer weiter voran. Sie gehörte nicht hierher. Sie musste weg.

»Ganz ruhig«, sagte ihre Mutter und strich über ihre Wange. Sie setzte sich neben sie. Dieser Körperkontakt, ihre Beine direkt an Kathrins, beruhigte. Es brachte ihr die Kontrolle über ihre Atmung zurück. Ein. Aus.

Eigentlich war Kathrin hier, weil ihr Gehirn für kurze Zeit ein Problem gehabt hatte. Sie hatte einen kleinen Schlaganfall erlitten. Vor zwei Tagen hatte sie auf ihrem Bett gelesen. ›Das Schicksal ist ein mieser Verräter‹ von John Green. Auf Seite 54 hatten sich plötzlich die Buchstaben vor ihrem Auge aufgelöst. Erst dachte sie, es wäre die Müdigkeit und klappte das Buch zu. Dann stellte sie fest, dass auch das Regal verschwamm und ihre Kissen. Sie blinzelte ein paarmal, schloss erst das eine Auge, dann das andere. Es war offensichtlich, dass nur das rechte Probleme machte. Sie hielt es zu und sah auf das Buch auf ihrem Schoß: ›Das Schicksal ist ein mieser Verräter‹. Sollte ihr das etwas sagen?

Kathrin war dann aufgestanden, um ihr Handy vom Schreibtisch zu holen. Google wusste alles, sogar, warum ein Auge plötzlich nichts mehr sehen konnte. Als sie danach greifen wollte, spürte sie, dass ihr Arm ihr nicht mehr gehorchte. Dann kam die Angst.

Zurecht, wie der Arzt ihr hinterher gesagt hatte. Lähmungserscheinungen waren immer eine Gefahr. Vorboten. Eigentlich ein schönes Wort. Sie dachte an die Blumen in ihrem Garten, die nach einem langen, dunklen Winter wieder zu neuem Leben erwachten. Vorboten für den Frühling. In ihrem Fall konnten die Vorboten einen Schlaganfall bedeuten. Seit zwei Tagen war sie inzwischen auf der ›Stroke Unit‹, der Überwachungsstation für Schlaganfälle. Eine Ursache konnte nicht gefunden werden.

Was ihr gerade noch mehr zu schaffen machte als diese Vorboten, war ihr Herz. Gerade hatte sie von ihrer Mutter erfahren, dass ihr Freund nicht kommen würde. Wäre er nur ein weiterer Freund in der Reihe vorübergehender Liebschaften gewesen, hätte sie darüber hinwegsehen können. Aber es war der Mann, den sie im nächsten Jahr heiraten wollte.

»Warum kann Martin nicht kommen?«

»Er ist mit seinem Chef in München und hat gesagt, dass er dort nicht wegkann.«

Sie hatte ihm vor vier Wochen einen Heiratsantrag gemacht. Alle hatten es gewusst. Ihre Familien, ihre Freunde. Selbst Martins Chef. Kathrin rieb mit ihrer Hand über die Kanüle. »Na ja, es war ja auch nur ein kleiner Schlaganfall. Bei einem großen wäre er sicher gekommen.« Ihre Stimme zitterte.

»Ach, Kathrin.« Ihre Mutter legte einen Arm über ihre Schulter. »Vielleicht denkt er, dass du hier in guten Händen bist.«

»Vielleicht.«

Kathrin dachte daran, was der Arzt heute Morgen gesagt hatte: »Schlaganfälle können auch psychosomatische Ursachen haben. Hatten Sie großen Stress oder haben Sie sich sehr aufgeregt?«

Sie hatte die Vermutung des Arztes verneint. Dabei hatte sie tatsächlich einen Tag zuvor in seiner Wohnung einen heftigen Streit mit Martin wegen seiner Arbeit gehabt. Sie wollte ihren Urlaub gern allein mit ihrem Verlobten verbringen. Er wollte dagegen, dass sein Chef dabei war. Der war krank und brauchte deswegen immer Unterstützung. Allein, das heißt, nur mit seiner Frau, traute er sich keine Reisen mehr zu. Für Martin war die Begleitung gar nicht direkt mit Arbeit verbunden. Erstens zahlte sein Chef. Zweitens mochte er ihn. Kathrin hatte das verstanden. Trotzdem wollte sie auch mal allein Zeit mit ihrem Verlobten verbringen.

Am Ende war sie vor ihm davongelaufen. Der Streit schwebte über ihnen wie eine wabernde Regenwolke. Was, wenn die Auseinandersetzung mit Martin tatsächlich der Auslöser gewesen war? Konnte das sein?

Ihre Mutter sprach es nicht aus, aber die in ihrem Blick stehende Frage war so überdeutlich, dass sie selbst ihrem angeschlagenen Hirn nicht unerkannt bleiben konnte:

Warum willst du ihn heiraten?

Die Antwort darauf war so banal wie erschütternd. All die Jahre, während der schweren Erkrankung ihres Vaters, hatte sie sich immer gewünscht, dass er ihre Hochzeit miterleben würde. Inzwischen hatten sich Metastasen gebildet. Die Zeit rann wie pudriger Sand durch ein Sieb und ließ sich durch fast nichts mehr aufhalten. Sie würde diesen Mann heiraten und ihrem Vater damit die Gewissheit geben, dass sie glücklich war. So glücklich wie eine Wiese voller Blumen, die nicht wusste, dass ein zunächst harmlos beginnender Regen zu einem andauernden werden konnte, der zwangsläufig eine Flut aus Schlamm und Geröll mit sich brachte.

Kapitel 15

Bitburg, April 2015

»Du siehst zauberhaft aus.« Ihre Mutter strich über Kathrins Hochzeitskleid. Erst vor ein paar Stunden hatte sie es aus dem Brautmodengeschäft abgeholt. Jetzt sah sie sich in dem großen Kleiderschrankspiegel ihrer Eltern an. Das Kleid war schulterfrei, sodass ihr brünettes Haar bis zu ihren nackten Schultern reichte. Sie sammelte die Strähnen mit den Fingern auf. »Vielleicht sollte ich die Haare zur Hochzeit hochstecken.«

Eigentlich war sie nicht der Typ für Hochsteckfrisuren. Aber wenn sie es genau nahm, war sie auch nicht der Typ fürs Heiraten. Hin und wieder mussten Ausnahmen erlaubt sein.

»Das würde wunderbar aussehen«, sagte ihre Mutter.

Sie wusste nicht, warum dieses Gefühl sie gerade jetzt überkam. Sie erinnerte sich an den Moment, an dem Phillip ihr zum ersten Mal geschrieben hatte, dass er sie liebte. Zuerst dachte sie, er hätte sich vertippt. Oder seine kleine Schwester hätte versehentlich das Handy in ihre Finger bekommen. Es war nur eine Aneinanderreihung von Ziffern. Doch dann hatte sie ihn verstanden. Er hatte ihr einen Binärcode geschickt. Sie hatte die Zahlen bei Google eingetippt und Google hatte geantwortet: ›Ich liebe dich‹. Der Moment, in dem sie das begriff, hatte einen immensen Gefühlstsunami in ihr ausgelöst. Sie konnte sich nicht erinnern, jemals gleichwertige Gefühle gehabt zu haben. Dabei sollte sie das doch, oder? Immerhin war sie im Begriff, zu heiraten.

Auf einmal wurde die Luft um sie herum dünner. So dünn, wie sie es einmal beim Wandern in der Eifel in schwindelerregender Höhe empfunden hatte.

»Ich muss raus.« Sie versuchte umständlich, an den Reißverschluss ihres Kleides zu gelangen. Dabei drückten die dünnen Chiffon-Ärmel ihres Kleides bedrohlich eng an ihre Arme.

»Vorsicht, Kathrin. Lass dir doch helfen.« Ihre Mutter eilte zu ihr, um den Reißverschluss für sie zu öffnen. »Was ist denn auf einmal los?«

»Ich muss an die frische Luft. Mir geht's nicht gut.«

»So?« Ihre Mutter, die gerade dabei war, den Ärmel hinunterzuziehen, hielt inne und fasste stattdessen an Kathrins Stirn. »Du wirst doch nicht krank werden?«

»Nein, Mama. Ich denke, die frische Luft draußen wird mit guttun.«

»Da bin ich nicht so sicher. Die Äcker wurden heute Vormittag frisch gedüngt.« Ihre Mutter rümpfte die Nase.

Kathrin lachte und ließ das Kleid an sich hinabgleiten. Dann gab sie ihrer Mama einen Kuss auf die Stirn. »Danke, Mama.« Für das Naserümpfen, für die diskrete Zurückhaltung und trotzdem auch fürs Dasein.

Die Wiese wirkte jetzt im Frühjahr noch immer wintermüde und brachte dennoch einige bunte Blumen zum Vorschein. Vor allem Löwenzahn gab es hier reichlich. Eine zum Teil bereits verwelkte Schlüsselblume war auf den Feldweg geknickt. Kathrin wich ihr aus, um sie nicht zu zertreten. Ihre Mutter hatte recht gehabt, es roch tatsächlich nach Dünger. Aber Kathrin machte das nichts aus. Im Gegenteil. Es rückte die allzu prägnanten Erinnerungen an Phillip in den Hintergrund. So wie ein Pflaster, das eine Wunde weniger schmerzhaft erscheinen ließ, obgleich sie immer noch da war. Nur eben überdeckt.

Eigentlich sollte sie jetzt vor allem an Martin denken. Es war so schnell mit ihnen gegangen. Vor fast einem Jahr waren sie zusammengekommen und ein paar Monate später hatte sie um seine Hand angehalten. Er hatte eine langanhaltende Leere in ihr ausgefüllt. Dafür musste er nicht einmal viel tun. Kathrin hatte eine unbeschreibliche Angst in sich gefühlt. Die Angst, dass ihr Vater bald nicht mehr da sein könnte. Der Krebs war immer mal wieder da und wieder weg. Was wäre, wenn er irgendwann nicht mehr ginge, sondern nur noch blieb und sich ausbreitete? In dieser unheilvollen Zeit der Schwere hätte vielleicht jeder Mann die Lücke füllen können. Phillip vielleicht. Aber der war nicht da. Martin *war* da. Lückenfüllen konnte er nur bedingt. Ihn musste sie mit seinem Chef teilen, der in Martins Priorität über Kathrin kam. Aber er half. Niemand half besser als Martin. Egal, ob Freunde, Nachbarn oder Familie. Er war für alle da. Vielleicht hatte es damit zu tun, dass er es gern allen recht machen wollte. Er hatte oft das Gefühl, nicht genug zu sein. Als könnte er immer noch etwas besser werden. Vielleicht war die Unzufriedenheit mit sich selbst auch der Grund gewesen, dass er früher gekokst hatte. Kathrin hatte Drogen kategorisch abgelehnt. Also hatte er Abstand davon genommen. Sie glaubte ihm. Das musste sie, weil eine Ehe auf Vertrauen basierte.

Vor einem Monat hatte sie mit Steffi telefoniert, der einzigen Freundin, die Martin noch nicht kannte, weil sie nach Bonn gezogen war. Kathrin brauchte eine objektive Meinung von einer Außenstehenden. Also erzählte sie ihr von ihren Gefühlen. Dass sie Martin zwar liebte, aber nicht so sehr. Davon, dass Martin zwar für Kathrin da war, aber nicht so sehr. Und davon, dass sie immer noch an Phillip dachte.

Steffis Botschaft war eindeutig: Sie schickte ihr den Roman ›Vielleicht mag ich dich morgen‹ von Mhairi McFarlane. Vielleicht musste Kathrin tatsächlich nur warten.

Sie ließ den Blick über das Land schweifen. Von hier aus konnte sie weitläufige Wiesen sehen und ein kleines Wäldchen zur ihrer rechten. Sie liebte das idyllische Land, das auch mal mit etwas Gestank einherging. Es fühlte sich echt an. Ihre Gefühle für Phillip glichen dagegen manchmal einer Fata Morgana. Als wären sie nie wirklich da gewesen. Eine Einbildung oder ein Trugbild. Wie sonst ließ sich erklären, dass sie nie wieder so empfunden hatte wie damals für Phillip? War er etwa der *Eine*, von dem oft in Kitschromanen die Rede war? Gab es nur diese eine große Liebe und alle weiteren waren nur noch annehmbare Alternativen? Oder waren Teenagergefühle einfach andere? Verstrahlter. Ferngehalten von jedweder Realität. Auch wenn alles in ihr schrie, dass sie sich verrannt hatte. Dass es irrsinnig war, nach etwas zu greifen, was es gar nicht geben konnte. Sie musste es einfach wagen, nur um sich selbst ganz sicher sein zu können, dass sie alles dafür getan hatte. Um vielleicht etwas abzuwenden, das eigentlich ihr Happy End sein sollte. Also tippte sie die Nachricht an Phillip in ihr Handy: »Ich werde demnächst heiraten.«

Kapitel 16

Bitburg, 8. Mai 2015

Rosa Blumen. Weiße Blumen. Tüll an Braut und Rückspiegel des Hochzeitsautos. Ein dunkelblauer 1969er Chevrolet Camaro, zu dem Tüll ebenso wenig passte wie zu Kathrin. Aber der Wagen passte zu ihr. Zurückhaltend, wenn es sich fügte, und dynamisch, wenn es notwendig war. Ihre Mutter zupfte immer mal wieder an ihr herum, obwohl sie sonst keine Zupferin war. Und sie kicherte. Ihr Vater beobachtete dieses Kichern mit freudiger Zurückhaltung. Er stand in der Einzugsschneise der Gäste. Hände schütteln hier und da. Noch schnell die Zuspätkommer begrüßen, die zur Hälfte beschämt und dennoch fröhlich in das Schloss huschten, in dem sie später auch feiern würden.

»Woll'n wir?«, fragte die Standesbeamtin und bot Kathrins Mutter den Arm zum Einhaken, die sich sonst wahrscheinlich nicht von Kathrin gelöst hätte. Sie ließ sich mitnehmen. Von drinnen winkte Steffi, die als eine der vier Brautjungfern seitlich des großen Tisches stand. Alex gab dem Trauzeugen das Startzeichen. Alle saßen und warteten.

Kathrin hakte sich in den Arm ihres Vaters. Als die ersten Töne erklangen, schritten sie los.

»Ich bin verloren«, erklang es aus dem Lautsprecher, während sie auf Martin und die Standesbeamtin zulief. Es war die erste Zeile des Liedes ›Ja‹, das sich Silbermond für Liebende erdacht hatte. Auch sie liebte gerade. Und dennoch dachte sie in diesem Moment an Phillip.

Wann hört das endlich auf?

Sie wollte wenigstens am Tag ihrer Hochzeit nur an ihren Ehemann denken.

Ihr Vater, der ihre Hand fest umklammert hielt, strich mit seiner anderen über ihren Handrücken. Der Stolz in seinem Blick war genau das, was sie brauchte, um weiterzugehen. Zum lächelnden Martin. Ein Lächeln voller Erwartungen.

Nun standen sie hier und würden nicht nur schwören, einander zu vertrauen, sondern auch zu lieben, zu achten und zu ehren, bis dass der Tod sie schied.

Er nahm ihre Hand und gab ihr einen Kuss auf die Wange. Vielleicht würde alles gut werden. Zumindest Silbermond beteuerte es.

Sie saß in ihrem Traumkleid in einem Traumschloss, das sie sich immer als Hochzeitslocation gewünscht hatte. Auf dem Tisch standen nicht nur drei verschiedene Gläser für Sekt, Saft und Sprudelwasser. Es gab auch aufwendige Blumengestecke mit rosa, lila und weißen Rosen, in welchen vereinzelte Tüllbänder gesteckt waren. Neben ihr saß ihr Ehemann. Ein Titel, an den sie sich erst noch gewöhnen musste. Draußen prasselte noch immer der Regen. Die Sonne hatte sich nur kurz am Vormittag gezeigt und wurde seitdem von einer dicken Wolkendecke verdeckt. In ihrer Vorstellung war die Sonne bei Hochzeiten selbstverständlich zu Gast. Schließlich war es einer der wenigen Anlässe, bei der Sonnenschein opportun war. Eine Pflichtkür. Offenbar wusste die Sonne, dass Kathrin selbst auch nicht unbedingt ein Regelmensch war, und entschied sich deshalb, der Veranstaltung fernzubleiben.

Vielleicht hätte sie in der Vergangenheit weniger träumen und stattdessen mehr Raum für Realität lassen sollen. Vielleicht war die einzige Welt, die ihre Gefühlswelt durcheinanderbrachte, die, die sie sich erträumt hatte. Ausgedacht. Zusammenfantasiert aus einer Vielzahl schöngefärbter Erinnerungen. In der realen Welt zählten, anstatt permanente, übergroße Liebeswellen, völlig andere Werte zur wahren Liebe: Gefühle von Verbundenheit, Loyalität und durchschnittlicher Zufriedenheit. All das hatte sie mit Martin.

Schräg gegenüber von ihnen saß ihre Schwiegermutter, die gerade mit der Kuchengabel zaghaft gegen ihr Wasserglas schlug. Sie beugte sich zu Martin und Kathrin hinüber. »Sollte nicht jemand eine Rede halten?«

Kathrin schüttelte schnell mit dem Kopf. »Nicht nötig.«

Sie nickte fest überzeugt. »Ich bin sicher, dass es jemand tun muss.« Also stand sie auf und schlug noch einmal mit der Gabel an das Glas. Diesmal energischer.

»Weil mein lieber Mann sich weigert, werde ich die Rede halten.« Sie räusperte sich.

»Oh, man«, sagte Kathrin leise und Martin klopfte beschwichtigend auf ihren Handrücken, als würde er sagen wollen: »Das schaffen wir auch noch.«

Er liebte seine Eltern. Immerhin hatten sie ihn großgezogen. Aber oft schämte er sich auch für sie. Fast immer waren sie zu laut, zu großspurig oder zu unbedarft. Weniger clever zu sein, war per se noch nicht schlimm. Es konnten nicht alle Menschen gleich klug sein. Das Schlimme war, dass sie ihre Dummheit in die Welt hinausschrien. Einmal hatte ihre Schwiegermutter beim gemeinsamen Essen mit Kathrins Familie vor versammelter Mannschaft verkündet, Künstler hätten es verdient, wenn man sie schlechter bezahlte. Immerhin wäre das Künstlerdasein in ihren Augen kein richtiger Beruf. Ihr Ehemann hatte eifrig genickt. Wer freischaffend war, dürfe ruhig mal wissen, wie es war, zu hungern, wie früher die alten sogenannten Künstler. Die wären sowieso alle irre, weil sie sich selbst die Ohren abschnitten. Sie würden auffallen wollen um jeden Preis.

Nun konnte man ihrer Schwiegermutter nicht vorwerfen, dass sie nicht wusste, dass Van Gogh krank gewesen war. Das hätte man ihr aufgrund tiefliegender kognitiver Barrieren auch gar nicht erklären können. Aber sie hätte sich wenigstens einprägen können, dass Kathrins Mutter selbst Künstlerin war.

Die Schwiegermutter hob ihr Glas. »Die meisten in unserer Familie wissen ja, dass ich lieber ein Mädchen bekommen hätte. Stattdessen habe ich nicht nur einen Jungen bekommen, sondern sogar zwei. Gott weiß, es war nicht immer einfach. Mein Martin war als Baby zu allem Überfluss auch noch richtig hässlich.« Sie lachte laut drauflos, als würde sie das Gleiche auch von ihrem Publikum erwarten. Das jedoch blieb stumm. »Und trotzdem habe ich ihn geliebt. Und jetzt habe ich ja endlich eine Tochter. Meine liebe Kathrin. Lasst uns alle auf Kathrin und Martin anstoßen.«

Martin lächelte. Aber Kathrin wusste, wie peinlich ihm das war. Sie fädelte ihre Hand unter den Tisch und strich über seinen Oberschenkel. Er blinzelte ihr zu. »Du kannst jetzt Mama zu ihr sagen.«

Zu später Stunde waren alle ein wenig beschwipst. Die einen mehr, die anderen weniger. Positiv war, dass ihre Schwiegermutter keine Reden mehr gehalten hatte. Negativ war, dass ihr besoffener Ehemann stattdessen für Aufsehen sorgte, als er mit zu viel Schwung gegen eine Glastür rannte. Sein übermäßiger Alkoholgenuss war auch eine Sache, die öfter mal angesprochen wurde. Nicht, dass er Alkoholiker gewesen wäre. Es war nur so, dass sein Verstand mit jedem weiteren Glas zu implodieren drohte. Irgendwann war jedes Wort, das seinen Mund verließ, nur noch zusammenhangloses Gebrabbel.

Ein übereifriger Kellner war, als er die Kollision gesehen hatte, sofort zur Stelle. Aber wie sich herausstellte, war er weniger an ihm interessiert als an der Beschaffenheit der Tür. Die hatte dem Angriff standgehalten. Martins Vater dagegen musste sich für den Abend verabschieden.

Er war nicht mal der Einzige, der vorzeitig gehen musste. Auch einer der Gäste, der zu optimistisch gewesen war, was die Robustheit seiner viel zu engen Hose anging, hatte das Nachsehen. Vor dem Anblick der anderen Gäste war seine Hose zerplatzt, genau wie Kathrins Jugendträume. Erst hatte Kathrin wie die anderen gelacht. Dann erinnerte sie sich an den Tag, an dem Phillip verkündet hatte, sie heiraten zu wollen. Nicht gleich. Aber irgendwann.

Sie hatten im Gras vor einem kleinen Bach gesessen, der langsam vor sich hinplätscherte. Die Sonne hatte freie Bahn auf die beiden Verliebten. Es machte den Anschein eines warmen Frühlingstages. Alles roch neu, nach Gras, und wegen des Baches auch ein bisschen nach Sommerregen. In Wirklichkeit war es Mitte September. Der Spätsommer begehrte noch einmal auf, bevor er sich bald für eine lange Zeit zurückziehen würde.

»Wenn ich dich heirate, wird es so sein wie heute.«

Kathrin grinste. »Du willst mich heiraten?«

»Natürlich, wenn man mit jemandem sein Leben teilen will, gehört heiraten für mich dazu.«

Kathrin lehnte sich mit unter dem Kopf verschränkten Armen ins weiche Gras.

»Für dich nicht?« Phillip beugte sich über sie.

»Doch, auch. Aber ich will im Frühling heiraten. Die Bäume sollen blühen.«

»Mir ist die Jahreszeit egal. Ich will nur, dass die Sonne scheint.« Er strich mit einem Grashalm von ihrer Stirn über die Wange bis zum Kinn.

»Und was wäre, wenn die Sonne nicht scheint? Bläst du die Hochzeit dann ab?«

»Japp.« Er verschränkte seine Beine zum Schneidersitz.

»Ja?«, rief sie und setzte sich abrupt wieder auf.

»Keine Sorge. Wir schicken nur die Gäste nach Hause und fahren dann gemeinsam in den Süden. Wir heiraten dann in Malta oder auf Sizilien. Da scheint auf jeden Fall die Sonne.«

Kathrin hatte gelacht. Damals war die Welt noch so einfach gewesen. Es war irrelevant, ob man wirklich im Süden heiraten konnte. Wichtig war das Gefühl, dass mein sein eigenes Schicksal mitbestimmen konnte. Und sei es nur, um Sonne in sein Leben zu holen.

Kapitel 17

Bitburg, Juni 2015

Kathrin bestrich eine lange Tapetenbahn mit Kleister, faltete diese zusammen und stieg mit ihr auf die Leiter. Als Martin vor zwei Minuten auf die Toilette gegangen war, sah sie ihre Chance gekommen. Sie wollte einmal auch eine Tapetenbahn an die Wand bringen. Vorsichtig klebte sie die Bahn bündig zur Decke. Und es funktionierte. Sie hielt. Kathrin strich sie glatt, schnappte sich die auf der Klappleiter befindliche Bürste und entfernte die Luftlöcher. Dann stieg sie von der Leiter und wollte auch den Rest befestigen.

»Hast du schon vorgearbeitet?«, fragte Martin, als er wiederkam. Kathrin drehte sich um. »Ähm, ja.« Sie strahlte. In dem Moment stürzte die eben befestigte Tapete auf sie.

»Ahh«, rief sie schrill.

Martin lachte. »Ich hab' dir doch gesagt, dass du warten sollst.«

»Ich wollte es allein schaffen«, sagte Kathrin und wand sich unter der mit Kleister durchtränkten Tapete.

»Halt still«, sagte Martin lachend. »Ich nehme sie dir ab.«

»Nein, nicht abnehmen. Sie klebt doch schon zur Hälfte.«

Martin lachte noch lauter. »Sie klebt höchstens auf dir.«

Er nahm sie vorsichtig von Kathrins Kopf und löste auch den Rest der an der Wand befindliche Tapete. Er klappte alles einmal mit der Klebefläche zusammen. Dann faltete er sie noch einmal.

»Ich wollte es auch einmal schaffen.«

»Du bist einfach zu klein«, sagte Martin. »Willst du nicht einfach das Büro streichen?

»Nee«, antwortete Kathrin und verschränkte die Arme. »Meine Körpergröße hat mich noch nie von etwas abgehalten. Ich werde tapezieren.«

Außerdem würden ihre Eltern in einer halben Stunde mit Kuchen vorbeikommen. Wie immer, wenn sie kamen, würden sie nicht nur mit ihnen essen, sondern auch helfen. Ihre Mutter war eine exzellente Streicherin, die schon ganze Zimmer im Alleingang gestrichen hatte. Sie fand jeden noch so kleinen Winkel, den sie akribisch bepinselte. Von ihr hatte sie gelernt, dass es das »schwache Geschlecht« nicht gab und höchstens dann in Erscheinung trat, wenn ein Mann sie dazu machte.

»Na, dann komm.« Martin zog sie nach oben. »Zuerst bereiten wir ein paar Bahnen vor. Danach kann man hintereinander weg mehrere befestigen. So kommen wir schneller voran.«

Das klang logisch. Und genauso arbeiteten sie in der nächsten halben Stunde. Als ihre Eltern später ankamen, hatten sie schon eine Wand in Tapete eingekleidet.

»O mein Gott, riecht das gut. Was für ein Kuchen ist das?«

»Karottenkuchen«, antwortete ihr Vater.

Kathrin und ihre Mutter bereiteten den Tisch vor und kochten Kaffee. Die Küche war das einzige Zimmer in der neuen Wohnung, das schon fertig renoviert und eingerichtet war. Mal abgesehen von dem Badezimmer. Das war Kathrins Grundvoraussetzung für den Umzug in die noch unfertige Wohnung gewesen. Sie konnte auf Matratzen schlafen, im Stehen essen und auch mal auf einem Stuhl sitzend lesen. Aber sie brauchte es, dass sie zumindest vernünftig dreck- und farbfrei duschen und Kaffee trinken konnte.

Als Kathrin ihren Vater und Martin zur hübsch gedeckten Kaffeetafel holen wollte, war eine weitere Wand fertig tapeziert. Sie waren effektiv. Allerdings zeugte ein großer Kleisterkleckssteppich am Boden von ›männerschneller‹ Arbeit. ›Wir machen mal eben vier, fünf Bahnen‹. Dass jemand – ihrer Erfahrung nach war es meistens eine Frau – hinterher ebenso lange fürs Reinigen aufbringen musste, war meist nicht Teil der ›Männerschnelldenkweise‹. Aber das Ziel war erreicht.

»Prima«, sagte Kathrin trotzdem. »Dann haben wir uns den Kuchen jetzt verdient.«

»Wieso wir? Habt ihr auch etwas gemacht?«, fragte Martin neckisch und grinste breit, um ihr zu signalisieren, dass er nur einen Scherz gemacht hatte. Beinahe hätte Kathrin doch noch auf den Kleisterteppich hingewiesen. Aber sie war tatsächlich auch dankbar. Nicht, weil ihr die Tapetenbahnen wichtig waren, sondern ihr Vater. Offenbar hatte er heute einen guten Tag und daran wollte sie nicht rütteln. Viel zu selten hatte es das in letzter Zeit gegeben. Es war, als wäre alles normal. Wobei normal nur ein Synonym für weniger Schmerzen war. Kathrin war dankbar für diese Tage.

Und sie war dankbar für den Kuchen ihrer Mutter. Der katapultierte Kathrin wie immer gedanklich zurück in ihre Kindheit. Ihrer Mutter gelang es, Gebäck immer gleich schmecken zu lassen. Wenn sie selbst backte, schmeckte das Resultat immer anders. Mal mehr durch, mal weniger. Mal süßer, mal etwas zu trocken. Kathrin hatte es irgendwann aufgegeben und lieber Kuchen vom Bäcker geholt.

Ihr Vater räusperte sich. »Sag mal, Martin. Weißt du eigentlich, wie man eine Festplatte auswechselt? Mein Computer meckert immer, dass zu wenig Speicherplatz da ist.« Er nickte seitwärts zu seiner Frau. »Meine Frau und ihre Fotos.«

»Warum hast du dir nicht einfach eine externe Festplatte geholt?«, fragte Kathrin.

Ihr Vater sah sie an, als hätte sie ihn gerade gefragt, warum er nicht einfach zum Mond fliegt.

»Ich habe keine Ahnung, wovon du redest«, gab er unumwunden zu.

»Schon gut«, warf Martin schnell ein, »ich komme heut Abend vorbei und baue sie dir ein.«

Das Gesicht ihres Vaters hellte sich auf. »Das wäre ja ein Ding, wenn du das kannst.«

»Klar«, sagte Martin und schob sich mit der kleinen Kuchengabel ein Stück Kuchen in den Mund.

Kathrin wäre sehr verwundert gewesen, wenn Martin wirklich wüsste, wie das geht. Er hatte zwar ein Grundverständnis von Computern, aber richtig viel Ahnung davon hatte er nicht. Wahrscheinlich würde er nachher, wenn ihre Eltern weg waren, eine Stunde YouTube-Tutorials anschauen. Erstens, um herauszufinden, wie man einen Rechner aufschraubte. Und zweitens, um herauszufinden, wo sich die Festplatte für gewöhnlich befand.

Martin hätte für seine Schwiegereltern fast alles getan. Sogar die eigene Wohnung mit untapezierten und ungestrichenen Wänden zurückgelassen. Er wollte es allen recht machen. Nur ihr nicht.

Kathrins Familie hatte er von Anfang an gemocht. Wahrscheinlich, weil er selbst eine Familie hatte, für die er sich oft schämte. Und er wollte auf keinen Fall in den Verdacht geraten, die Einfältigkeit seiner Eltern geerbt zu haben.

»Aber musst du hier nicht noch zu Ende tapezieren?«, fragte ihre Mutter.

Danke, Mama.

»Das mach' ich noch schnell und komm' dann nach.«

Dieses ›noch schnell‹ war der Zeitraum, in dem er die besagten Videos ansehen würde.

»Kommt gar nicht infrage. Wir tapezieren erst zu Ende und dann beschäftigen wir uns mit dem Computer«, sagte ihr Vater. Und so wurde es gemacht. Die Männer hatten sich dem Tapezieren gewidmet, während die Frauen das Büro strichen.

Nach einer Stunde war die Arbeit erledigt. Tapete und Farbe an den Wänden, die Kleisterteppiche beseitigt und die Schutzfolie von Schaltern, Steckdosen und Leisten entfernt. Ihre Eltern fuhren schon voraus, während Martin nur mal schnell baden wollte. Während er Wasser in die Wanne ließ, hatte er den

Laptop auf der Waschmaschine platziert, um YouTube-Videos anzuschauen. Den Lautstärkeregler fast bis zum Anschlag aufgedreht, damit das Tutorial das Einlaufen des Wassers übertönte. Selbst als er den Hahn wieder zugedreht hatte, regulierte er die Lautstärke nicht nach unten.

Er war so beschäftigt mit der Anleitung ›Wie man eine Festplatte wechselt‹, dass er nicht einmal bemerkte, dass Kathrin sich zu ihm in die Wanne gesellt hatte. Nach einer Weile verließ er die Wanne, wickelte sich in ein Tuch, pausierte das Video und fragte im Gehen, wo der Wäschekorb mit der trockenen Wäsche wäre.

»Kathrin?«, rief er lauter, als er bemerkt haben musste, dass sie nirgendwo war.

»Hier«, rief Kathrin resigniert.

»Wo?«, fragte er.

»Im Bad.«

»Na, da komm' ich doch grade her.« Er kam zurück und fand Kathrin in der Wanne vor. »Du bist ja flink.«

Offenbar dachte er, dass sie sich in die Wanne gebeamt hatte.

»Eigentlich war ich mit dir zusammen in der Wanne.«

Er grinste. »Nee. Das hätte ich doch bemerkt.« Er zog lasziv eine Augenbraue hoch und ergänzte: »Also, wo waren die Klamotten jetzt gleich noch mal?«

Kathrin war es recht, am Abend allein zu sein. Sie war die Mitorganisatorin des Abi-Treffens und hatte noch einiges vorzubereiten. Sie hatte sich einen Tee gemacht, ihren Schlafanzug angezogen und es sich am Küchentisch gemütlich gemacht. Obwohl der Kuchen ihrer Mutter schon seit ein paar Stunden eingepackt war, roch es immer noch danach. Und es roch weiterhin intensiv nach Kaffee. Obwohl sie selbst jeden Tag welchen kochte, war dieser Geruch ein anderer. Der Duft von Familie.

»Ich habe deine Telefonnummer nicht. Daher schreibe ich dir hier. Im August ist unser zehnjähriges Abi-Treffen. Vielleicht hast du Lust, dabei zu sein.« Sie erwartete nicht, dass Phillip sich melden würde. Er hatte auf ihre Nachricht im Frühjahr, dass sie heiraten würde, nicht reagiert. Seine Nichtreaktion hatte sie als Desinteresse interpretiert und die Nummer gelöscht. Kathrin schrieb ihm deshalb per Xing. Der einzige Ort, über den beide noch immer miteinander verbunden waren.

Nur wenige Sekunden, nachdem sie die Xing-Nachricht abgesendet hatte, blinkte die Meldung einer Antwort auf.

Er schickte ihr seine Handynummer. Sonst nichts.

Kathrin speicherte sich die Nummer sofort wieder ab und schrieb ihm per SMS: »Du willst also kommen?«

Seine Antwort war: »Ich will dich unglaublich gern wiedersehen.«

Kathrin schluckte. In ihrem Bauch breitete sich ein wohliger Schauer aus. Sie hatte erwartet, dass er sich nicht mehr für sie interessierte und nun das.

»Warum hast du mir im April nicht geantwortet?«

»Es ist nun schon so lange her zwischen uns. Ich will dein Glück nicht zerstören.«

Glück. Kathrin war unsicher, ob das, was sie mit Martin verband, Glück war. Es war Liebe. Klar. Aber Glück? Dieses übergroße Wort passte nicht zu ihrer Ehe.

Kathrin arbeitete seit einigen Monaten in einem Hochzeitshaus, weil ihr das Kanzleileben zu trocken geworden war. Als sie ihr Brautkleid anprobiert hatte, hatte sie die Mitarbeiterinnen dort beneidet. Sie hatten diese romantischen Momente mit Aufregung und schönen Kleidern nicht nur einmal, zur eigenen Hochzeit, sondern *immer.* Also kleidete nun auch Kathrin Brautpaare ein. Regelmäßig hörte sie Geschichten von Paaren, die erst für ihre Liebe kämpfen mussten. Liebe bedeutete manchmal Risiko. Sie hatte damals bei ihrem ersten Freund

Robert nichts riskiert. Aber inzwischen könnte sie es. Sie bräuchte nur ein Zeichen.

»Wir hätten auch glücklich werden können«, schrieb sie und bereute es sogleich wieder. Wenn man frisch verheiratet war, sollte man sich nicht nach anderem sehnen.

»Das weißt du nicht.«

»Wir hätten es versuchen können«, schrieb sie und war schon fast wütend, weil er so feige war. Eine Antwort erhielt sie nicht.

Kathrin beneidete Sherlock Holmes. Wenn eine Frage offenblieb, machte er sich mit Erfolg daran, sie zu klären. Kathrin hätte auch gern Antworten gehabt. Aber sie bekam keine. Seit zwei Tagen war wieder Funkstille zwischen Phillip und ihr und Kathrin hatte es hingenommen.

Sie saß mit Martin auf der neu angelieferten Couch und hatte ihren ersten gemeinsamen Fernsehabend im zur Hälfte eingerichteten Wohnzimmer. Er hatte sich für den gewitzten Sherlock entschieden, weil er Detektive mochte. Sie hatte keinen Einwand erhoben, weil sie Robert Downey Jr. mochte.

Dann vibrierte ihr Handy.

Phillip: »Wir sind nicht mehr dieselben.«

Kathrin starrte auf den kleinen Bildschirm, der erneut ihr Herz in wilde Aufregung versetzte. Sie hatte erwartet, dass er auf das Abitreffen pfeifen und sich frühestens in einem Jahr wieder melden würde. Wenn überhaupt. Und nun das. Sie drehte das Handy sofort wieder um und legte es auf ihren Oberschenkel. Martin saß neben ihr. Sein Arm lag über ihrer Schulter. Dann vibrierte es wieder.

»Willst du auch ein Wasser?«, fragte sie.

»Nein, danke« Er nahm seine Hand von ihrer Schulter. Kathrin stand auf und ging in die Küche. Ihr Herz schlug noch immer. Einerseits vor Aufregung, aber auch aus Scham und Angst, Martin hätte die Nachricht entdecken können. Sie lehnte sich gegen die Küchenzeile, atmete tief durch und sah wieder auf den Bildschirm. »Womöglich würden wir uns heute gar nicht mehr mögen.« Das war doch absoluter Quatsch. Also tippte sie in ihr Handy: »Vielleicht nicht. Vielleicht wäre es aber auch Liebe. Das kann man erst wissen, wenn man es ausprobiert.«

Sie legte das Handy auf die Ablage, holte ein Glas aus dem Oberschrank und füllte es mit Leitungswasser. Dann blinkte wieder ihr Handy. »Du bist verheiratet.«

Kathrin presste die Lippen aufeinander und hämmerte wütend mit dem Finger auf ihr Handy. »Ich hatte dir VOR meiner Hochzeit geschrieben.«

Dann ließ sie es auf der Anrichte liegen und ging zurück zu ihrem Mann.

Samstagabend war Tapas-Abend. Kathrin war mit den Mädels in der Bar España und stimmte sich mit Sekt ein. Sekt deshalb, weil Steffi sie in Bitburg besucht hatte, um mit allen Freundinnen ihre Verlobung zu feiern. Sie hatte endlich ihren Amerikaner bekommen. Der war nicht annähernd so schön wie Steffi. Unauffällig, dürr, mit einer Brille, die eher funktional als modern wirkte. Aber er hatte sie gerettet, und zwar im wörtlichen Sinne. Er war der Einzige, der bei Steffis nächtlichem Autounfall vorbeigefahren war und sofort alle notwendigen Maßnahmen eingeleitet hatte. Krankenwagen rufen. Erste Hilfe. Steffis Glück war, dass er nicht nur besonders hilfsbereit, sondern auch Arzt war. Dr. Barton. Genau genommen war er Orthopäde. Aber er wusste trotzdem, was zu tun war. Erst kam die Rettung. Später die Liebe.

»Auf die Liebe«, sagte Kathrin und erhob ihr Glas.

Steffi strahlte. »Darauf, dass Träume wahr werden.«

Alex grunzte. »Was auch immer.« Sie kippte den Sekt nach hinten, als wäre es Wasser. Alex konnte sich aus zwei Gründen nicht für Steffi freuen. Zum einen, weil sie sich vor sechs Monaten von Paul getrennt und vorübergehend der Liebe abgeschworen hatte. Zum anderen tendierte ihr Kontakt mit Steffi schon seit Jahren gegen null. Alex hatte nie verstanden, warum

Steffi trotz ihres Germanistikstudiums nur als Assistentin der Geschäftsführung jobbte. Steffi war glücklich, aber für Alex kam Stil vor Glück. Was Alex am meisten aufregte, war die Tatsache, dass Steffi es im Gegensatz zu ihren Geschwistern geschafft hatte. Sie war dem saufenden Vater entkommen und der abwesenden Mutter, die immer schon von einem Verkäuferjob zum nächsten getingelt war. Ihre beiden Geschwister tingelten ebenfalls. Gelegenheitsjobs. Nichts Festes. In Alex' Augen hätte Steffi es als Einzige zu etwas bringen können. Steffi hatte darauf bestanden, dass sie in ihren Augen genau *das* geschafft hatte. Und darin lag die Unvereinbarkeit. Der einen war Glück wichtig. Der anderen Erfolg.

In den Folgejahren waren sie immer weiter auseinandergedriftet, wie eine Laufmasche im Nylonstrumpf, deren Verlauf man auch mit Nagellack kaum aufhalten konnte. Und selbst wenn … der Schandfleck war da. Die Freundschaft, wie eine lädierte Strumpfhose, hin.

Wie immer hatten sie große Tapas-Platten bestellt, damit jeder von allem probieren konnte. Tapas de pescado mit Fisch, Tapas de carne mit Fleisch und zwei Platten Tapas de verduras mit Gemüse. Es mussten zwei sein, weil Steffi seit ein paar Monaten kein Fleisch mehr aß. Ihr Verlobter hatte ihr dazu geraten, um Rheuma vorzubeugen. Das machte deshalb Sinn, weil ihre Omi seit Jahren an Rheuma litt. Die war nun in den besten Orthopädenhänden und nicht nur selbst Vegetarierin, sondern auch zum fidelen Hüpfer geworden.

Kathrin hatte ihren Sekt gegen Tonic-Soda getauscht. Immerhin war sie Fahrerin. Alex zeigte gerade allen die genialen Funktionen ihrer neuen Apple-Watch als Kathrins Handy neben ihrem Gin-Tonic-Glas vibrierte.

»Keine Handys«, rief Steffi.

»Sorry«, antwortete Kathrin und wollte es gerade in ihrer Tasche verschwinden lassen. Dann las sie jedoch die Nachricht. »Du wirst nie aus meinem Kopf gehen.«

»Kathrin. Handy weg. Deine Regeln«, sagte Vicky.

»Ich weiß«, sagte Kathrin und konnte es doch nicht beiseitelegen. »Nur ganz kurz, okay?« Eigentlich war sie immer diejenige, die auf handyfreie Abende pochte. Aber das war eine Ausnahme. Phillip war *immer* eine Ausnahme.

»Oh, no!«, rief Vicky. »Aber beeil dich. Wer zu spät ist, bekommt nur noch die Oliven.«

Das wollte Kathrin um jeden Preis vermeiden. Also würde sie sich beeilen.

»Hast du getrunken?«, fragte sie, als sie nach draußen gegangen war.

»Ja«, antwortete er knapp. »Aber ich meine es genauso, wie ich es schreibe.«

»Du kannst es gern auch mal schreiben, wenn du nüchtern bist. Vielleicht würden wir dann endlich mal zu einem Konsens finden.«

»Ich will dich nicht zerstören.«

»Ich kann auf mich selbst aufpassen.«

»Ich will, dass du eines weißt: Es gab keine Frau in den vergangen zehn Jahren, die ich so sehr geliebt habe wie dich.«

»Und doch schreibst du es nur, wenn du voll bist, du betrunkener Idiot«, sagte sie ihrem Handy, ohne es ihm zu schreiben. Stattdessen tippte sie: »Geht mir genauso.«

»Ich kann dir das nicht länger antun. Es ist besser für uns beide, wenn wir die Nummern wieder löschen.«

Kathrin starrte auf das Telefon und konnte nicht glauben, dass sie erneut am selben Punkt angekommen waren. Sie war wütend.

Gleichzeitig spürte sie das schlechte Gewissen in ihr aufsteigen. Sie war frisch verheiratet. Sie hatte ihrem Mann Treue geschworen und ewige Liebe. Keine zwei Monate hatte sie das ausgehalten. Sie hatte die Oliven verdient.

Kapitel 18

Bitburg, März 2016

»Er hat lange gegen den Darmkrebs gekämpft, doch nun war es Zeit für ihn, zu gehen.« Kathrin ließ ihren Kopf tiefer in ihre Schultern sinken. Sie hörte kaum, was die Trauerrednerin über ihren Vater sagte. Der Schmerz war zu groß. Sie lehnte ihren Kopf an Martins Schulter. Im Moment konnte sie sich nicht vorstellen, wie ein Leben ohne ihren Vater sein sollte. Die vergangenen Tage liefen wie in einer Nebelwelt ab. Die Sicht getrübt. Viele Dinge unklar. Vor allem, wie sie nun weiterleben sollten. Wie sollten sie Weihnachten verbringen? Oder Ostern? Was machte es mit ihrer Familie, wenn der Mann, der ihr gemeinsames Leben viele Jahre über entscheidend geprägt hatte, nicht mehr da war? Immer, wenn sie mit ihm geredet hatte, fühlte sie sich hinterher um einige Zentimeter größer. Weiser. Würde sie jetzt noch in der Lage sein, zu wachsen?

Das ist doch alles Mist.

»Seine Tochter möchte noch ein paar letzte Worte an ihn richten.«

Das war ihr Stichwort. Eigentlich wollte sie nicht. Ihre Knie waren gerade instabiler als Küstenwetter. Aber ihr war es wichtig, noch etwas zu sagen. *Ihm* noch etwas zu sagen. Wie eine letzte Botschaft ins Jenseits.

Sie ging nach vorn hinter das Pult, das in diesem Moment wie ein Schutzschild wirkte. Sie atmete einmal tief durch, um ihrer schmerzenden Brust mehr Raum zu geben. Ihre Lippen zitterten, also presste sie sie fest aufeinander. Stark sein.

Dann räusperte sie sich. »Als ich fünf Jahre alt war, haben wir zusammen im Garten einen Kirschbaum gepflanzt. Die Kirschen schmeckten gar nicht. Auch jetzt nicht, nach über zwanzig Jahren.« Ihr entfuhr ein mickriges Kichern, das sich augenblicklich in ein Schluchzen verwandelte. Ihren Drang, zu weinen, schluckte sie herunter wie das trockene Brötchen, von dem sie in der Früh einmal kurz abgebissen hatte.

»Aber seine starken Äste haben mir immer Halt gegeben. Als ich klein war, um Schaukeln zu können. Und jetzt, damit ich in ihrem Schatten lesen kann. Du hast mir die Welt der Bücher eröffnet und mir gezeigt, dass es hinter dem Tellerrand immer noch etwas gibt. Momentan weiß ich noch nicht, wie ein Leben, ohne dich ablaufen soll«, sagte sie mit zittriger Stimme. Sie hielt inne und blickte flüchtig zur Mama, die ihre Hand vor den verzerrten Mund hielt. Dann sah sie zu Martin, der ihr aufmunternd zuzwinkerte. Sie atmete tief durch und sah wieder auf das Pult.

»Du warst nicht nur mein Papa, sondern auch immer mein Kompass. Niemand hat mich sicherer durch das Leben navigiert. Und du warst und wirst immer mein wichtigster Kritiker bleiben, mein größter Fan, und allem voran meine letzte Instanz bei allen wichtigen Entscheidungen.«

Kapitel 19

Bitburg, April 2017

»Ich will auf jeden Fall in Weiß heiraten. Das war schon immer mein Traum.« Die junge Braut strahlte, aber etwas in ihrem Blick störte Kathrin. Als müsste sie eine Fassade aufrechterhalten, die mit ihren echten Gefühlen nicht in Einklang zu bringen war.

»Lass uns erst mal die Eheringe besorgen und sehen, was dann noch übrigbleibt.« Der Bräutigam strich über ihren Rücken. Geldmangel bei jungen Brautpaaren war Kathrin gewohnt. Gerade die jungen Verlobten waren chronisch pleite und mussten immerzu abwägen. Schöne Ringe und dafür ein einfaches Kleid? Lieber ein pompöses Kleid und dafür die Gästeliste klein halten? Einige mussten sich überhaupt nicht zurücknehmen, weil Eltern die Kosten übernahmen. Die Varianten waren zahlreich.

Das Schöne an Kathrins Job war, dass man ihr fast alles anvertraute. Vor allem die Bräute schienen instinktiv zu spüren, dass sie sich Kathrin offenbaren konnten. Sie hatte ein besonders Gespür für die Nöte der Menschen, schon seit sie ein junges Mädchen war.

»Wir können auch eine Ratenzahlung vereinbaren«, sagte Kathrin.

Der Verlobte winkte ab. »Auf keinen Fall. Ich möchte meiner Frau keinen Schuldenberg hinterlassen.«

Das war eine ungewöhnliche Formulierung für jemanden, der kurz vor der Eheschließung stand. Es klang vergänglich, obwohl eine Heirat doch zumeist ein Neuanfang sein sollte.

Als der Verlobte später auf die Toilette ging, fragte Kathrin die Braut: »Was meint Ihr Mann damit, dass er Ihnen keinen Schuldenberg hinterlassen will?«

Die gerade noch strahlenden Augen der Frau verloren ihr Glitzern. Die Traurigkeit, die Kathrin vorhin kurz wahrgenommen hatte, legte sich über ihr Gesicht. »Er hat Krebs. Seit Jahren schon.«

Krebs. Diese fünf Buchstaben brachten sie mit aller Gewalt in die traurige Realität zurück. Kathrins Vater war an Krebs zugrunde gegangen. Der jahrelange Kampf hatte ihnen Zeit gebracht. Verloren hatten sie am Ende trotzdem alle. Kathrins Kehle schnürte sich zusammen. Der Bräutigam, der kurze Zeit später in den Ankleideraum zurückkehrte, hatte die Situation sofort durchschaut. »Wir wollen heute fröhlich sein.«

»Es ist nun mal ein Teil von uns.«

Auch das verstand Kathrin. Die Krebserkrankung ihres Vaters war in den Jahren auch zur Normalität geworden. Und trotzdem hatte sein Tod sie alle zerstört. Kathrin versuchte noch immer, die Scherben zusammenzusetzen, die sein Verlassen verursacht hatte. Die Fragmente waren jedoch uneben an den Rändern. Keines der Teile wollte sich ineinanderfügen. Wie überwand man den Verlust, den der Tod mit sich brachte? Kathrin hätte es nicht sagen können. Sie lebte einfach weiter.

Der Bräutigam setzte sich mit hängenden Schultern auf die Couch. Er war in sich zusammengesunken. Wirkte müde. Wahrscheinlich war er es auch.

»Mein Papa ist vor Kurzem an Krebs gestorben. Ich weiß, wie ihr euch fühlt.« Genau wissen konnte man das zwar nie, weil jeder anders fühlte. Im Moment hatte Kathrin dennoch das Gefühl, den Schmerz des Brautpaares körperlich spüren zu können.

»Ich weiß nicht mal, ob ich die Hochzeit überhaupt erleben werde.«

»Natürlich wirst du das.« Seine Braut eilte zu ihm auf die Couch und nahm ihn in den Arm. »Bitte sei nicht immer so pessimistisch. Die Prognosen waren zuletzt doch ganz gut.«

»Ich versuch' ja, optimistisch zu sein. Aber der Abend gestern hat mich wieder runterzogen.«

Sie schloss ihre Augen und vergrub ihre Nase in seinen dichten Locken. »Es tut mir so leid.«

Kathrin setzte sich neben die Braut auf die Couch und legte eine Hand auf ihre Schulter. Die seufzte. »Wir waren bei meinen Eltern. Sie sind gegen die Hochzeit. Nicht, weil sie ihn nicht mögen, sondern weil ungewiss ist, wie lange er leben wird.«

Das erklärte, warum sie allein für die Hochzeit aufkommen mussten.

»Dabei schlägt die Therapie gut an. Ihm geht es gut.«

»Und trotzdem wissen Sie nicht, ob Sie die Hochzeit überhaupt erleben?«

»Er geht lieber vom Schlechtesten aus und freut sich dann über kleine Schritte.«

»Besser als umgekehrt. Stell dir vor, wir gehen vom besten aus und dann sterbe ich plötzlich.«

»Ich will nicht an deinen Tod denken, hörst du?«

Sie entschieden sich der Haushaltskasse wegen für ein einfaches Kleid. Gerade geschnitten, Spaghettiträger, ohne Glitzer. Diese Braut konnte das tragen. An ihr hätten fast alle Modelle gut ausgesehen.

Einen Ring bestellten sie auch. Allerdings musste der über einen größeren Lieferanten geordert werden. Kathrin versprach, sich darum zu kümmern und verabschiedete das Paar.

Als das Brautpaar weg war, zog Kathrin sich ins Backoffice zurück. Vornehmlich, um eine Pause zu machen. Aber in Wirklichkeit schwelte in ihrer Kehle eine unglaubliche Last. Diese Geschichte war an Tragik kaum zu überbieten. Das Paar hatte sich gefunden und durfte doch nicht für immer zusammen sein. Wie optimistisch man auch war: Irgendwann würde der Krebs überhandnehmen und die Liebenden wieder trennen. Kathrin setzte sich an den Pausentisch und ließ ihren Kopf in ihre Hände versinken. Kaum eine Sekunde später liefen die ersten Tränen über ihr Gesicht. Auf dem Tisch stand eine kleine Taschentuchbox. Kathrin zog ein Tuch heraus und schnäuzte laut hinein.

»Warum ist das Leben so ungerecht?«

Die Tür öffnete sich und ihre Chefin kam herein. Sie zog ihre Augenbrauen hoch. »Was ist denn los?«

Kathrin nahm ein neues Tuch und schluchzte, während sie erneut hineinschnäuzte. »Mein Bräutigam von gerade hat Krebs. Er weiß nicht mal, ob er die Hochzeit erleben wird.«

»Erschütternd. Absolut«, antwortete Sabine mit immer noch hochgezogenen Brauen. Ihr Gesicht und ihre Antwort passten nicht zusammen. Ihr Blick sagte: »Das ist doch kein Grund zum Weinen.« Ihre Worte pflichteten Kathrin bei. »So junge Leute.« Sie schüttelte den Kopf, nahm ein kleines Messer aus der Schublade und setzte sich Kathrin gegenüber. In ihrer Hand hielt sie einen roten Apfel, den sie nun halbierte. Kathrin vermutete, dass ihre Chefin, wie sie selbst, zu den Frauen zählte, die mitweinen mussten, wenn andere es taten. Vielleicht waren hochgezogene Brauen ihre Möglichkeit, Tränen zu unterdrücken.

»Ich hatte auch mal eine sehr junge Braut, der ich ein pompöses Prinzessinnenkleid verkauft hatte. Das war damals im Berliner Store. Sie wollte alles: Schleppe, Glitzer, Spitze. Es wurde teuer.« Sie schnitt ein weiteres Stück von der Hälfte und entfernte das Kerngehäuse. Das Stück bot sie Kathrin an. Die hätte nichts herunterkriegen können. Ihre Kehle war noch immer ein Nadelöhr. Ihre Chefin biss selbst hinein.

»Einen Teil des Preises hat ihre Mutter übernommen. Die war mit. Aber den Großteil hat die Braut selbst gezahlt. Sie hatte einen Kredit aufgenommen.« Sie schüttelte den Kopf. »Armes Ding.«

Kathrin verstand nicht, warum dieses Beispiel als Vergleich taugen sollte. Die Braut hatte immerhin selbst entschieden, sich zu verschulden.

»Die hatte dann einen Autounfall. Ein LKW konnte nicht rechtzeitig bremsen und hat ihr kleines Auto zerquetscht.« Sie biss vom Apfelstück ab und kaute mit verzerrtem Mund darauf herum. »Tot«, sagte sie und schluckte mit Mühe dem Apfel hinunter.

Kathrin schluckte auch.

»Die Mutter war eine Woche später wieder da. Völlig fertig.« Ihre Chefin ließ ihre Hand mit dem Apfel darin in ihren Schoß fallen. »Du kannst dir nich' vorstellen, wie fertig die war.«

Kathrin war froh, sich das nicht vorstellen zu müssen. Der Schmerz, als sie damals die Pille genommen hatte, war auch jetzt, nach so vielen Jahren, der elendste in ihrem Leben. Die quälenden Erinnerungen. Das permanente »Was-wäre-wenn«. Es wäre jetzt elf. Wie viel schlimmer musste es wohl sein, ein Kind zu verlieren, das man bereits kannte? Mit dem man Krisen überstanden hatte oder lautstarke Kindergeburtstage.

»Ich hab' se in den Arm genommen und gefragt: Woll'n Sie das Kleid zurückgeben? Und sie hat genickt.« Obwohl es ihrer Chefin schwerfallen musste, biss sie erneut in das Apfelstück und kaute. Es war noch nicht richtig hinuntergeschluckt, als sie ergänzte: »Wir müssen das nich'. Es gibt einen Vertrag und der ist bindend.« Sie nickte. »Aber was will man da machen? Ich hätte nicht auf den Vertrag bestehen können. Das war unvereinbar mit meinem Gewissen.« Sie zog ihre Schulter nach oben. »Natürlich ist es nur Geld. Was können wir sonst schon tun? Aber die kleinen Dinge helfen auch.«

Kathrin wusste, worauf sie hinauswollte. Alles, was sie selbst tun konnten, war, das junge Paar finanziell zu entlasten. Kathrin stand auf, ging um den Tisch herum nach vorn in den Verkaufsraum. Ihre Kollegin stand dort mit einem neuen Brautpaar und sah sie entgeistert an. Erst dann fielen Kathrin die Tränen wieder ein, die aus ihrem Augen-Make-up eine Zorro-Maske gemacht haben mussten. Sie nahm schnell ein Tuch aus einer der Boxen, die hier überall in greifbarer Nähe waren. Tränen waren bei Bräuten und Hochzeitskleidern an der Tagesordnung. Um das Brautpaar nicht zu verschrecken, zeichnete sie ein Lächeln auf ihr Gesicht, um die Tränen in einen positiven Zusammenhang zu bringen. Sie fasste sich an die Brust und sagte: »So romantisch.«

Die Braut fasste sich nun ebenfalls an die Brust und machte: »Ohh.«

Die Ordnung war wieder hergestellt.

Kathrin ging mit nun überholtem Make-up an den Tresen, an dem das Buch der Bestellungen lag. Sie suchte den Lieferanten heraus, bei dem sie die Ringe für das Brautpaar bestellt hatte. Kronen Schaller. Kathrin suchte die Nummer heraus und tippte sie in das Telefon. Ein Piepen.

»Kronen Schaller«, sagte eine tiefe, weibliche Stimme.

»Ja, hallo, hier ist Frau Kathrin Müller von der Agentur Brides and More. Ich habe hier eine Bestellung für Ringe, Modell 34z580.«

»Moment, ich such' se eben raus«, sagte die Frau am anderen Ende der Leitung.

Kathrin hörte, wie sie blätterte.

»Also hier ises schonmal nich'. Vielleicht im andern Katalog.«

Wieder ein Blättern. Dann ein »Hmmm« und schließlich: »Na bitte, hier ham war se. Sind schon etwas älter.«

»Ladenhüter?«, fragte Kathrin hoffnungsvoll.

»Ne, das nicht. Werd'n nur einfach nicht mehr hergestellt. Komm'n ja immer neue Modelle nach.«

»Können Sie sich vorstellen«, begann Kathrin und versuchte, ihrer Stimme einen melancholischen Klang zu verleihen, »dass heute ein Paar hier war, das eine gemeinsame Hochzeit vielleicht nicht erleben wird?«

»Wie das?«

»Der Bräutigam hat Krebs. Er ist keine 25 und würde so gern heiraten, bevor er stirbt. Vor allem seine Freundin will das.«

»Hm«, machte die Frau. »Das is traurig. Und nu? Woll'n Se die Ringe umsonst?«

»Vielleicht 'nen Rabatt?«

Die Stimme brummte tief. Sie atmete laut in den Hörer.

»Der Verlobte will seiner Witwe keine Schulden hinterlassen. Haben Sie eine Vorstellung davon, wie es wäre, erst seine große Liebe zu verlieren und dann trotzdem noch die Hochzeit abzahlen zu müssen?«

»Schon gut, schon gut. Ich gebe Ihnen 70 Prozent. Die Ringe sind im Ausverkauf.«

Kathrin konnte kaum glauben, was sie hörte. Tränen krochen erneut herauf und trübten ihre Sicht. »70 Prozent«, sagte sie fast flüsternd. »Das ist unglaublich großzügig von Ihnen. Ich kann Ihnen gar nicht genug danken.«

»Jaa, schon gut. Die jungen Leute heutzutage haben schon genug auszubaden. Wer weiß, was der Brexit den Deutschen bringen wird. Wegen mir soll das Mädel keine Schulden haben.«

Noch so eine Sache, die zum Heulen war. Die Briten hatten im vergangenen Jahr für den Ausstieg aus der EU gestimmt. Wie ein Familienmitglied, das beschlossen hatte, nur noch dann zu gemeinsamen Feiern zu erscheinen, wenn ein Geschenk dabei heraussprang. Aber daran wollte sie jetzt nicht denken. Das Brautpaar bekam die Ringe *und* das Kleid.

Kathrin tupfte vorsichtig die Tränen ab, um nicht erneut ihre Mascara zu verschmieren. Das Brautpaar von gerade kam in ihr Blickfeld und wirkte erneut irritiert. Kathrin parierte, grinste breit, hielt sich das Tuch an ihre freudentränennasse Nase und sagte: »Liebe ist einfach alles.«

Eine Woche später kam das Brautpaar wieder, um das gekürzte Brautkleid und die Ringe abzuholen. Als die Braut die Rechnung sah, wirkte sie erstaunt. Sie hatten für die Ringe nur noch dreißig Euro selbst zu tragen. Kathrin selbst hatte auch einen Teil der Kosten übernommen. Sie sah es als Investition in die Zukunft. Nicht in ihre eigene. Diese Beziehung, das spürte Kathrin, hatte mehr Potenzial.

»Ich glaube, das ist der falsche Ring«, sagte die Braut, die den Blick nicht von der Rechnung nehmen konnte. Ihre Augen irrten immer wieder auf dem Blatt hin und her auf der Suche nach einem Fehler.

»Das ist nicht annähend der Preis, den er in der vergangenen Woche hatte.«

»Wirklich?«, fragte nun auch der Bräutigam und zog die Rechnung zu sich. Auch sein Blick kontrollierte alles. Modell, Adressat, Summe. Er sah zu Kathrin auf. Die grinste verräterisch.

»Haben Sie etwas damit zu tun?« Aus ihren zweifelnden Blicken wurden überraschte.

»Es gab einen Rabatt.«

»Einen so hohen?«, hakte er nach.

Kathrin nickte. »Vielleicht habe ich selbst ein bisschen nachgeholfen.« Sie zwinkerte.

»O mein Gott.« In ihren Augen traten rote Adern hervor, als wären sie bereits auf Weinen programmiert. Wahrscheinlich waren sie das tatsächlich, weil sie es so oft tun musste.

Sie stand auf, ging um den Tisch herum und fiel um Kathrins Hals. Ein Schwall aus Dankbarkeit strömte auf sie. Sie drückte so fest zu, dass Kathrin die Luft wegblieb. Die hielt das aus. Ab jetzt konnte sie alles aushalten.

Kapitel 20

Bitburg, September 2017

»Wollen wir nächste Woche ein verlängertes Wochenende ans Meer fahren?« Kathrin schnitt mit Kraft in ihr Steak, das zu sehr durchgebraten war. Eigentlich mochte sie es lieber medium, aber sie war vorhin damit beschäftigt gewesen, sich durch Airbnb-Unterkünfte zu klicken. Dadurch hatte sie das Steak aus den Augen verloren. Kathrin musste mal raus. Seit dem Tod ihres Vaters drehten sich ihre Gedanken im Kreis.

»Ich kann so kurzfristig nicht einfach weg. Wir haben Aufträge«, antwortete Martin. Es klang vorwurfsvoll. Er hatte kein Verständnis für ihr Anspruchsdenken. Und sie hatte kein Verständnis für seinen paradoxen Arbeitswahn. Er arbeitete bei einer größeren Versicherung. Sein Chef musste nicht mehr viel selbst erledigen, sondern delegierte die meisten Aufgaben an seine Angestellten. Martin war einer davon. Wenn Freitagabend noch eine Anfrage reinkam, wurde sie zu Martins Aufgabe. Der fühlte sich nicht einmal ausgenutzt. Manchmal wusste Kathrin nicht, ob es so war, weil er die Ausbeutung tatsächlich nicht fühlte.

»Eine Woche Vorlaufzeit kann man kaum spontan nennen.« Sie spießte eine Erbse auf und steckte sie in ihren Mund.

»Was soll das jetzt? Du weißt doch, dass der Urlaub immer im Vorjahr angekündigt werden muss.«

»Es ist kein Urlaub, sondern allenfalls ein Wochenendtrip.«

»Ist doch völlig egal, wie du das nennst. Ich kann nicht.«

Kathrin atmete tief durch. Sie hatte gelernt, dass er ihre Sichtweise manchmal besser verstand, wenn er die Welt mit ihren Augen sah. »Seit Papa nicht mehr da ist, kann ich mich kaum noch zu etwas motivieren.«

Martin blickte auf. Ein gutes Zeichen. »Das versteh' ich ja alles. Ich vermisse deinen Papa genauso. Aber wir müssen lernen, damit klarzukommen. Wir können nicht einfach abhauen. Abhauen hat noch nie geholfen.«

Doch, dachte Kathrin. Manchmal war abhauen die einzige Lösung. Die Briten taten es und die Tschechen wollten es. Raus aus der EU. Raus aus der Verantwortung. Mehr an sich selbst denken. Auch wenn sie selbst, im Gegensatz zu den Briten, zurückkehren würde.

»Ich denke, dass mir eine Auszeit guttun würde. Nur, um die Akkus aufzuladen.«

»Du warst doch gerade erst im Urlaub.«

Das stimmte. Kathrin war Anfang des Jahres mit Alex in Mexiko gewesen. Eine wunderbare Erfahrung. Turbulent und horizonterweiternd. Trotzdem musste sie *jetzt* raus. Nicht für Kultur, Leute oder Partys. Sie brauchte Zeit, um ihre Gedanken zu ordnen. Vielleicht auch ihre Gefühle. Ihm das zu erklären, war in etwa so, als würde man einem Farbenblinden das Zusammenspiel von pastelligem Rosa und Blau mit Licht im Impressionismus erklären. Also sah sie kopfschüttelnd auf ihren Teller.

»Tut mir wirklich leid«, sagte Martin und schnitt sein Steakstück entzwei. Angelegenheit erledigt.

Kathrin wusste schon länger, dass Arbeit für ihn an erster Stelle stand. Aber dass nicht einmal ein Kurztrip in sein Konzept passte, überraschte sie trotzdem. Der wäre immerhin auch ihm selbst zugutegekommen. Die Nöte der anderen wurden immer erst dann interessant, wenn sie einen selbst auch irgendwie tangierten. Genauso war Martin. Wenn er selbst ein Problem würde loswerden wollen, hätte er sich besonnen. Aber offenbar hatte er kein Problem. Für ihn war ihr Vater nun weg und fertig. »Das Steak ist ziemlich trocken diesmal.«

Kathrin kaute selbst seit geraumer Zeit auf ihrem zähen Stück herum. Jetzt schluckte sie es, wie es war, herunter. Es war eng in ihrer Kehle, aber es rutschte. Genügsames Kauen komprimierte selbst zähes Fleisch.

»Zu scharf angebraten«, sagte Kathrin, stand auf, räumte ab und setzte neuen Kaffee auf. Sie wusste, was zu tun war. Wenn Martin sie nicht begleiten wollte, würde sie Alex fragen.

Sie hatte Glück. Am Abend hatte ihre Freundin direkt geantwortet, dass sie gleich am Folgetag Urlaub einreichen würde. Keiner war spontaner als ihre Freundin. Kathrin hätte *sie* heiraten sollen.

Sie grinste.

»Was ist?«, fragte Martin.

»Alex fährt mit mir weg.«

»Echt?«, fragte Martin, als könnte Kathrin sich geirrt haben. Als hätte Alex mit Blick auf Job und Privatleben abgelehnt, Kathrin diese Ablehnung nur falsch gedeutet.

»Ja, echt.« Kathrin hatte ihn informiert, dass sie an dem Wochenende nicht da sein würde. Details würde sie ihm nicht nennen. Die Vermutung lag nahe, dass er an mehr auch gar nicht interessiert war. Seine Interessen waren ohnehin sehr eingeschränkt. Neben seiner beruflichen Fixierung blieb kaum Zeit für anderes. Und trotzdem hatte er zwischendurch genug Energie gehabt, um Trump *irgendwie* gut zu finden. Kathrin war kurz perplex gewesen. Immerhin ging ihn Politik überhaupt nichts an. Nicht mal die Ernennung von Trump als Präsident Anfang des Jahres war ihm ein Kommentar wert gewesen. Aber jetzt – nachdem halb Europa Trump hasste, weil er aus dem globalen UN-Klimaabkommen von Paris ausgestiegen war – hatte er plötzlich eine Meinung. Bewundernswert war eines der Worte, die gefallen waren. Kathrin hatte sich dann gedanklich an den Strand gebeamt. Ganz egal, welcher. Hauptsache raus.

In der nächsten halben Stunde flogen zahlreiche Nachrichten hin und her. Sie schickten sich mögliche Airbnb-Unterkünfte und Fotos von der Umgebung. Am Ende hatten sie sich für München entschieden. Günstige Flüge, dreißig Prozent Rabatt auf die Unterkunft, Spa inklusive. Was wollte man mehr? Kathrins Herz klopfte jetzt schon vor Vorfreude. Das war genau *das*, was sie jetzt brauchte. Sie war auch gar nicht mehr traurig darüber, dass Martin nicht mitkommen würde. Ihre Vorfreude überdeckte für den Moment alle negativen Gedanken.

Bis ein anderes Gefühl zurückkehrte. Ein tief in ihr drinnen steckendes schlechtes Gewissen, das aktiviert wurde, als ihr Handy ein weiteres Mal aufblinkte. Erst dachte sie, es wäre Alex gewesen. Doch dann: *Unbekannt:* »Wie geht es dir?«

Kathrin wusste genau, von wem die Nachricht kam. Auch wenn sie seine Nummer gelöscht hatte. Offenbar hatte er ihre Nummer wiedergefunden. Sie setzte sich auf ihren Sessel und verschränkte die Beine.

»Papa ist tot«, schrieb sie.

»Das tut mir leid!«

»Danke.«

»War es der Krebs?«

»Ja. Er ist zurückgekommen.«

»Scheiß Krebs. Scheiß Schicksal.«

»Wir wussten ja, dass es irgendwann so kommen musste. Aber wenn es dann passiert, trifft es einen doch unvorbereitet.«

»Ich würd' dich jetzt gern umarmen.«

Kathrin sah zu ihrem Mann. Umarmungen konnten selten Probleme lösen. Aber sie konnten Nähe zurückbringen. Für einen kurzen Moment überlegte sie, sich an Martins Schulter zu lehnen. Aber dann kehrte die Wut in ihr zurück, weil er nicht bereit gewesen war, seine Arbeit für sie zurückzustellen. Heute wollte sie keine Umarmung von ihm. Von Phillip schon.

»Wir könnten uns treffen. Nur mal so. Zum Quatschen.« Vielleicht brauchte sie gar nicht seine Umarmung. Aber sie sehnte sich nach jemanden, der sie verstand.

Ihr Handy blinkte auf. »Ich bin Donnerstag beruflich in Bitburg.«

Kathrin starrte auf ihr Handy. Sie blinzelte. Einmal. Zweimal. Es stand immer noch da.

Er ist Donnerstag in Bitburg.

Phillip hatte zugestimmt. Seit über zehn Jahren hatte Kathrin versucht, ihre Jugendliebe wiederzutreffen und vor zwei Tagen hatte er eingewilligt. Und das, obwohl er verlobt war. Kathrin sollte sich wohl am allerwenigsten darüber mokieren, immerhin hatte sie selbst das Stadium des Verlobtseins längst überschritten. Ihre Ehe lief weniger gut als gehofft. Sie redeten kaum als Paar. Jedenfalls nicht über Wesentliches. Wenn er nach Hause kam, war er gedanklich trotzdem noch auf der Arbeit. Telefonierte mit seinem Chef oder mit Geschäftspartnern.

Trotzdem war Kathrin überrascht über Phillips Zustimmung. In den Jahren zuvor war er zeitweise ungebunden gewesen. Nicht einmal zum Abi-Treffen war er gekommen. Hatte auch nicht abgesagt, was fast noch schlimmer war. Sie hatte, wie damals beim Abiball, immer wieder zur Tür gestarrt, darauf wartend, dass ihre Fata Mogana den Raum betrat. Warum war er ausgerechnet jetzt zu einem Treffen bereit gewesen?

Weite Entfernungen hatten wahre Liebe noch nie aufhalten können. Bei Bitburg und Köln konnte man nicht mal von einer großen Entfernung sprechen. Die Entfernung zwischen der englischen Prinzessin Elisabeth von ihrem späteren Gemahl, Prinz von Dänemark und Griechenland, war größer gewesen. Die Liebe vielleicht auch.

Kathrin saß nun seit dreißig Minuten an der Bar eines Best-Western-Hotels und wartete auf ihn. Wie es aussah, hatte sich sein Mut inzwischen wieder verflüchtigt. Vielleicht war ihm auf dem Weg zum Hotel seine Verlobte wieder eingefallen. Oder er hatte Kathrin vom Fenster aus beobachtet und festgestellt, dass sie längst kein Teenager mehr war. Dass sie zu einer selbstbewussten Frau geworden war, die mehr brauchte als hypothetische Andeutungen und vage Liebesversprechen. Sie würde ihre Ehe nicht für ein amouröses Abenteuer riskieren. Und vielleicht war ihm dann klargeworden, dass er ihr mehr als das nicht bieten konnte.

Kapitel 21

Sylt, Oktober 2018

Kathrin und Alex überquerten den endlos scheinenden Holzsteg entlang des Strandes. Neben ihnen das Meer. Das Holz war schon verblichen von den vielen heißen Sommermonaten der Vorjahre und vom Salz des nahen Meeres. Das Schilf schien ebenso verbrannt. Der kommende Herbst würde der Natur hier guttun. Sie könnte aufatmen. Ähnlich wie Kathrin es gerade konnte.

»Danke, dass du wieder mitgekommen bist, Alex. Der Anblick ist der Wahnsinn, oder?«

»Ich verstehe nicht, wie sich Martin so etwas entgehen lassen kann.«

»Du weißt doch, wie er ist. Seine Arbeit ist ihm heilig.« Kathrin atmete tief die salzige Meeresluft ein. Sie war nicht einmal enttäuscht darüber, dass ihr Mann nicht mitkommen wollte. Was sie lähmte, war die Selbstverständlichkeit, mit der er erneut seine Arbeit über sie als Paar gestellt hatte. Es tat weh, immer an zweiter Stelle zu kommen. Zumindest ihre Enttäuschung sollte ihm etwas bedeuten. Tat es aber nicht.

»Das erklärt's für mich nicht wirklich. Ich liebe meine Arbeit auch. Trotzdem will man doch mal raus.«

»Nicht in Martins Welt. Er fährt offenbar nur mit mir in den Urlaub, wenn sein Chef dabei ist.« Kathrin war im März mit

Martin, seinem Chef und dessen Frau auf Safari gefahren. Eigentlich war es unterhaltsam gewesen. Und trotzdem auch ein wenig skurril.

»Das ist doch verrückt!«, rief Alex.

»Ich denke, du fandest es gut.«

»Ja, dass der Chef gezahlt hat. Was ja auch das Mindeste ist, wenn er seinen persönlichen Assistenten mit in den Urlaub nimmt.«

»Du tust gerade so, als hätte er Martin als seinen Butler genutzt.«

»So kommt's ja auch rüber«, antwortete Alex.

»So war es aber nicht. Es war wirklich nett.« Kathrin strich eine Strähne hinter ihr Ohr. »Ich gebe aber zu, dass ich gern mal mit Martin allein in den Urlaub fahren würde. Für mich nimmt er sich kaum Zeit.«

Alex räusperte sich. Offenbar suchte sie nach Worten. Kathrin ahnte bereits, was sie dachte. Jeder würde das denken. Er war in jeder Hinsicht ein vollkommen anderer Mensch als sie. Die Frage, was sie verband, drängte sich immer prägnanter in den Vordergrund.

Martin war selten in der Lage, sich eine eigene Meinung zu bilden. Nichts ging ihn etwas an. Er hatte keine Meinung zu Politik, ihm war die Umwelt egal, und er interessierte sich nicht im Geringsten für soziale Gleich- oder Ungleichheit. Meistens wollte er einfach nur, dass es ihm selbst gut ging. Er brauchte Statussymbole wie Autos und Uhren. Und er brauchte eine Frau an seiner Seite. Die musste nicht einmal etwas darstellen. Wichtig war vor allem, dass sie ihn anhimmelte. Dass sie gut fand, was er gut fand.

Kathrin gelang das Anhimmeln nicht. Nicht mal in ihrer frühen Verliebtheitsphase. Wobei sie da nicht ganz sicher war. Als sie sich in Martin verliebt hatte, hatte der Krebs im Körper ihres Vaters gestreut. Ihr Vater war wichtig gewesen. Alles andere nahm sie wie durch ein Vergrößerungsglas wahr, ohne die umliegenden Details. Sie sah Martin im Zoom. Das Drumherum entging ihr. Im Zoom wirkte er gar nicht so schlecht. Er hatte ein markantes Gesicht, schöne blaue Augen, und wirkte freundlich. Am Anfang überwog die Freundlichkeit. Später kamen die Streitereien. Fast immer ging es um seine Arbeit und darum, dass sie in seinem Universum keine Rolle spielte. Er bestritt das immer. Tat ihre Befürchtungen als Quatsch ab. Angst-Quatsch. Wut-Quatsch. Enttäuschung-Quatsch. Manchmal, wenn sie sich stritten, hoffte sie, dass er sich einfach in Luft auflöste. Doch immer, wenn sie die Augen schloss und wieder öffnete, war er immer noch da. »Du erzählst Quatsch, Kathrin.«

Manchmal vergaß sie, warum sie ihn geheiratet hatte. Dann fiel ihr ihr Vater wieder ein und ihre eingeschränkte Sicht damals. Mit jedem Jahr, in dem ihr Vater fehlte, wurde ihre Sicht klarer. Als wäre seine Fähigkeit, Dinge oder Leute zu erkennen, auf sie übergegangen. Vielleicht war das eine Art des Erbes gewesen. Ihr Vater hatte ihr Weisheit vermacht.

»Und sonst ist alles in Ordnung bei euch?«, fragte Alex, alles offenlassend. Somit konnte Kathrin entscheiden, ob sie es ansprach.

»Ich weiß nicht. Irgendwie frage ich mich manchmal, was uns miteinander verbindet.«

»Habt ihr denn noch Gemeinsamkeiten?«

Kathrin überlegte. Irgendetwas musste es ja geben, sonst wären sie nicht verheiratet. Nur was?

Als sie nach einer Weile immer noch nicht antwortete, hakte ihre Freundin nach. »Kathrin?«

»Ich überleg noch.« Und das tat sie wirklich. Aber ihr fiel nichts ein. Mit Phillip war sie gern spazieren gegangen. Mit Martin ging sie nirgendwo hin. Außer vielleicht ins Restaurant. Da war dann aber auch oft der Chef dabei. Es war verzwickt.

Inzwischen hatten sie den Strand erreicht. Kathrin zog eine große, dünne Decke aus ihrer Tasche und breitete sie mit Schwung auf dem feinen, hellen Strandsand aus. »Vielleicht ist unsere Gemeinsamkeit, dass wir gern Filme ansehen.«

»Aha«, antwortete Alex, als wäre das in ihren Augen nicht die Übereinstimmung, die Beziehungen einzigartig machte. Als würde man sagen: »Ja, ich finde es auch gut, dass Wasser aus der Leitung kommt oder dass Klamotten trocknen, nachdem sie nass geworden sind.« Beinahe jedes Paar schaute auch mal einen Film. Alex setzte sich elegant auf die Decke. Keine Bewegung war dem Zufall überlassen. Sie mochte nicht, wenn Sand an ihren Beinen klebte.

»Was habt ihr denn aneinander gemocht, als ihr zusammengekommen seid?«

Alex stellte heute Fragen, die sie nur mit Schweigen beantworten konnte. Heute fehlten ihr sämtliche Antworten. Zumindest in Bezug auf Martin. »Wollen wir nicht lieber über's Wetter reden?«

Alex lachte. »Du sprichst lieber über das Wetter als über deinen Ehemann?«

Kathrin zog die Schultern nach oben.

»Das genügt als Antwort«, sagte Alex kopfschüttelnd und zog ein Buch aus ihrer Tasche. »Möchte wissen, was ihr hier gemacht hättet, wenn er mitgekommen wäre. Hättet ihr überhaupt miteinander geredet?«

»Die Frage stellt sich gar nicht, weil er *nie* mitgekommen wäre.« Eine traurige Gewissheit machte sich in ihr breit. Was auch immer mal war, zwischen ihr und Martin, was auch immer noch übrig war ... Sie würde sich die Zeit nehmen müssen, es herauszufinden. So, wie es jetzt war, konnte es nicht bleiben.

Alex musste es geahnt haben. Sie wirkte manchmal so, als stünde sie über den Dingen. Vielleicht war das auch so. Sie war inzwischen fest etabliert in der Düsseldorfer Werbebranche und hatte sich den CEO ihrer Firma geangelt. Catch the CEO. Love the CEO. Und wenn es gut kam: Marry the CEO. Alles schien bei ihr irgendwie immer einfach zu sein.

Kathrin zog ihr T-Shirt aus. Darunter trug sie einen dunkelgrünen Bikini. Die Hose behielt sie wegen des Windes noch an, zog sie aber ein Stück nach unten. Ihre Tätowierung knapp unter dem Hüftknochen wurde freigelegt, die Pfote ihres Katers Minka. Es war ihr erstes Tattoo. Kathrin konnte sich noch genau an den Tag erinnern, als es gestochen wurde. Es war der 04.02.2005 gewesen. Einen Tag nach Weiberdonnerstag. Am Morgen hatte sie ihre Führerscheinprüfung bestanden. Am Nachmittag war sie gemeinsam mit ihrer Mutter und Sarah zum Tätowierer gefahren. Ein bedeutender Tag. Auch jetzt nach so vielen Jahren. Sie vermisste ihren Kater. Als er vor acht Jahren gestorben war, konnte sie keiner Katze mehr zu nahekommen. Tränen waren dann unausweichlich. Zuweilen auch ein unkontrollierter Niesanfall.

»Fragst du dich manchmal, was passiert wäre, wenn ich ihn dir nicht vorgestellt hätte?« Alex lehnte sich zurück und stützte sich mit dem Ellenbogen auf der Decke ab.

»Nein, unser Aufeinandertreffen wäre kaum zu verhindern gewesen.« Kathrin legte sich bäuchlings neben sie. Sie hatte Martin damals bei einer Ü30-Party gesehen und fand ihn sofort attraktiv. Alex hätte ihn ihr nie vorgestellt, wenn Kathrin sie nicht darum gebeten hätte. Dabei hatte Alex selbst ihn kaum gekannt. Er war ein Freund ihres Bruders. Obwohl Martin damals mit seiner Freundin bei der Party gewesen war, wollte Kathrin ihn kennenlernen. Einige Wochen später waren Martin und seine Freundin plötzlich getrennt.

»Du hast jetzt eine Stunde Zeit, um dich hübsch zu machen. Wir gehen mit Martin essen. Der ist wieder Single«, hatte ihre Freundin damals am Telefon gesagt und die Dinge hatten ihren Lauf genommen. Kathrin war fast euphorisch gewesen. Bei Kathrin und Phillip hatte all die Jahre zuvor immer einer von beiden in einer Beziehung gesteckt. Sie hatte sich daran gewöhnt, dass Männer, die sie wollte, vergeben waren. Es kam ihr damals wie eine absolute Ausnahmesituation vor, dass Martin und sie zur gleichen Zeit ungebunden waren. Wie die Erfüllung ihres Traumes.

Am zweiten Tag auf der Insel gingen sie an der Promenade entlang auf der Suche nach einem Restaurant mit Meerblick.

»Wieso gibt's hier nur Italiener? Ich will Fisch«, jammerte Alex. »Wenn wir schon auf einer Insel sind, will ich auch welchen essen.«

»Ich denke, du magst keinen Fisch?«

»Na ja, keinen mit Augen. Gegen Backfisch habe ich nichts. Ist ja fast wie Schnitzel.«

Der Ansicht war Kathrin zwar nicht, aber auch sie wollte gern etwas anderes essen als Pizza oder Pasta. Sie hielt inne. An einer Straßenlaterne war ein Schild geheftet, auf dem »Mitarbeiter gesucht« stand. Daneben war ein kleines Flugzeug abgebildet.

»Meinst du, das könnte etwas für mich sein?«

Alex schürzte die Lippen. »Ich wusste gar nicht, dass du einen neuen Job suchst.«

»Mach ich auch gar nicht. Aber ich versuche seit gestern herauszufinden, was Martin und ich gemeinsam haben. Und mir fällt nichts ein, Alex. Mir fällt absolut nichts ein.«

»Und deshalb willst du abhauen?«

»Ich will mir nur endlich klar darüber werden, was mit mir ist, und wohin ich will.« Kathrin rieb mit dem Handrücken über ihre Stirn.

»Aber es hat jetzt nichts damit zu tun, dass du im letzten Jahr dreißig geworden bist?«

»Ne, wieso?«

»Na, du weißt schon. Life-Crisis. Du denkst über die Dinge nach, die du inzwischen erreicht hast.« Sie zögerte und ergänzte etwas leiser: »Oder über Dinge, die du nicht erreicht hast.«

»Die Krise hatte ich doch schon mit fünfundzwanzig. In dieser Hinsicht bin ich mit mir im Reinen.« Kathrin sagte es nicht nur, um sich selbst oder anderen etwas vorzumachen. Sie meinte es auch so. Ihr Leben war vielleicht nicht perfekt. Dennoch liebte sie es.

»Bei einer Fluggesellschaft wirst du viele Orte sehen, so viel ist klar. Aber du musst mich ja nicht gleich mit verlassen.«
»Es ist ja nicht für immer. Nur für eine Weile. Bis ich herausgefunden habe, in welche Richtung es für mich gehen soll. Alles ist gerade unklar.« Kathrin wusste nicht, wie sie es erklären sollte. Sonst hatte sie keine Probleme damit, die passenden Worte zu finden. Vielleicht war der Grund dafür, dass sie es nicht konnte, tatsächlich, weil sie es nicht wusste. Wer war sie überhaupt? Und warum war sie mit einem Mann verheiratet, der sie so wenig verstand? Und warum verstand *sie* ihn nicht? Oder zumindest nicht mehr. Instinktiv fühlte sie, dass es nicht richtig war, auf diese Weise weiterzuleben. Kathrin holte ihr Handy heraus und machte ein Foto von dem Plakat. Sie würde sich bewerben.
»Ich hoffe, unsere Freundschaft wird diese Zeit überstehen.« Alex wirkte nachdenklich. Manchmal war sie so unbeständig, dass Kathrin beinahe diese kurzen Momente entgingen, in denen sie grübelte.
»Wir führen doch seit Jahren eine Fernbeziehung. Unsere Freundschaft hat schon so einiges ausgehalten.« Sie legte ihren Arm auf Alex' Schulter. »Weißt du noch die Bootsfahrt vor der Küste in Mexiko?«
Alex nickte. »O ja.«
»Ich wollte kneifen. Wir in unseren luftigen Kleidern und dann ein Abenteuer auf hoher See. Aber du wolltest ja, dass wir uns hineinstürzen ins Abenteuer. Was hast du da zu mir gesagt?«
»Wenn wir es nicht tun, verlieren wir nichts. Aber wir gewinnen auch nichts.«
»Japp. Und dann haben wir doch was verloren, als das Boot beim Wellengang plötzlich geschaukelt hat. Erst unseren Mut, dann ein Ruder und am Ende sogar meine Uhr.«
»Du hast eine Neue.« Genau genommen hatte sie Alex' abgelegte Uhr bekommen, die eigentlich noch gut war. Sobald

Apple eine neue Version herausbrachte, die Alex unbedingt wollte, wechselten sie ihr Modell.
Kathrin nickte lächelnd. »Wir haben vier Stunden auf dem Boot verbracht, bis endlich das andere Boot vorbeigekommen ist.«
»Ich fahre nie wieder Boot.« Alex plusterte ihre Wangen auf, als versuchte sie, das Unausweichliche aufzuhalten.
»Ich würde mich trotzdem immer wieder mit dir ins Abenteuer stürzen.« Alex lächelte und griff nach ihrer Hand.
»Das habe ich an dir immer bewundert, Alex. Deine Bereitschaft einfach ›Ja‹ zu sagen.«

Ihr letzter Tag auf Sylt. Morgen würden sie in aller Frühe wieder zurück nach Düsseldorf fliegen. Kathrin packte bereits der Wehmut, obwohl noch ein ganzer Tag voller purer Gelassenheit vor ihnen lag.
»Ich will hierbleiben. Es fühlt sich falsch an, wieder zu gehen.«
»Vielleicht bekommst du ja den Job. Dann kannst du zurück.«
Kathrin seufzte. »Das wäre unglaublich.« Eigentlich mochte sie den Job im Brautladen noch immer und die Kollegen sowieso. Aber ihr Herz sehnte sich nach etwas Neuem.
Sie hatten sich die Schuhe ausgezogen und liefen nun im weichen Sand entlang des Meeres. Das Schilf neigte sich sanft zur Seite. Die Möwen schienen laut zu rufen: »Ja, jaaaa.« Auch sie wussten, dass Kathrin, zumindest für eine Weile hierhergehörte. Das war der richtige Ort, um zu sich selbst zu finden.
»Ein bisschen beneide ich dich«, sagte Alex. Für Kathrin fühlte es sich surreal an, beneidet zu werden. Sie selbst fand ihr Leben mit Martin alles andere als erstrebenswert.
»Bewirb dich doch auch. Wir könnten als Partnerinnen Saft hin- und herschubsen.« Kathrin breitete die Decke aus.
»Nein, lass mal. Ich mag ja eigentlich meine Arbeit. Aber vielleicht kann ich meinen CEO dazu überreden, einen Standort auf Sylt zu eröffnen.« Dass das außer Frage stand, wusste

auch Alex. Aber davon träumen, musste erlaubt sein. Überhaupt waren Träume ja das, was die Menschen jeden Tag motivierte. Kathrin würde sich auf ihre besinnen und dann genau überlegen, ob Martin mit ihnen in Einklang zu bringen war.
Sie legten sich wieder auf die Decke. Alex hatte ihren Hinterkopf schon auf ihre verschränkten Arme gebettet und die Augen geschlossen.
»Ich wollte im letzten Jahr Phillip treffen.« Eigentlich hatte Kathrin das ihrer Freundin gar nicht sagen wollen. Vor allem, weil sie wusste, wie sie von ihm hielt. Aber es musste raus.
Alex öffnete ihr rechtes Auge. »Was bedeutet: Du wolltest?«
»Wir hatten uns verabredet.« Kathrin umschloss mit den Armen ihre Knie.
Ihre Freundin stützte sich auf ihre Ellenbogen. »Im letzten Jahr?«
Kathrin nickte, ohne sie anzusehen.
»Heißt das, du bist schön länger unzufrieden mit Martin?«
»Ich habe das Gefühl, dass das zwischen uns nie wirklich gepasst hat. Als er damals nicht zu mir ins Krankenhaus gekommen ist nach dem kleinen Schlaganfall, hätte ich die Hochzeit absagen sollen. Es war viel zu naiv von mir zu hoffen, dass er sich ändert und mich seinem Job vorzieht.«
»Warum trennst du dich *jetzt* nicht? Das hättest du schon längst tun können.«
»Weil wir verheiratet sind. Sollte man sich da nicht mehr Mühe geben?« Kathrin hatte keine Ahnung, ob das so war.
Alex offenbar auch nicht. »Ich weiß nicht. Mit Ehen kenne ich mich nicht aus. Aber eines weiß ich ganz sicher: Wenn man nicht glücklich ist, muss man gehen.«
»Wahrscheinlich ist das so«, seufzte Kathrin.
»Und warum habt ihr euch dann doch nicht getroffen? Was ist passiert?«
Kathrin schluckte. »Er hatte Angst, rückfällig zu werden.«
»Aber doch nur, wenn du es zugelassen hättest«

»Tja.« Kathrin sah schuldbewusst auf den sandigen Boden zwischen ihren Füßen.
»Tja? Was soll das heißen, Kaddy?«
»Ich war stinksauer und habe ihm geschrieben, dass ich etwas bemerkenswert Naives getan habe. Für *ihn*. Weil ein Teil in mir ihn wahrscheinlich noch immer liebt und sich verzweifelt wünscht, diesen liebenden Teil würde es auch noch immer in ihm geben. Und er meinte, wenn er sich absolut sicher gewesen wäre, dass da nichts mehr wäre, dass die Liebe vorbei war, er sich ohne Weiteres mit mir getroffen hätte. Aber er konnte es nicht.«
»Also liebt er dich vielleicht auch noch.«
»Zumindest hatte er Angst, dass die alten Gefühle wieder zum Vorschein kämen.«
»Was ich nicht verstehe: warum diese Faszination für Phillip? Warum nach all den Jahren?«
»Es gibt keine guten Gründe dafür. Vielleicht ist es der Tatsache geschuldet, dass wir uns nie im Alltag erlebt haben, nie mit unrasierten Beinen. Mussten nie gegensätzliche politische Meinungen des anderen ertragen oder die schockierende Ahnungslosigkeit in Bezug auf schmelzende Polarkappen.«
»Redest du von Martin?«
Kathrin schürzte ihre Lippen. »Ich versuche, meine Beine möglichst glatt zu lassen.«
Alex lachte.
»Wir haben nur die geschönten Bilder von uns vor Augen, als wir jung, frei und wild waren – und verliebt wie der Teufel. Es sind diese nicht zu beschreibende Verbindung und diese homöopathischen Lebenszeichen, die das Feuer immer ein wenig am Lodern gehalten haben.«

Kapitel 22

Bitburg, November 2018

Bereits zwei Wochen nach ihrem Sylt-Ausflug hatte ihr Alltag sie wieder eingeholt. Genau wie ihre Unzufriedenheit mit Martin. In ihrer Hand hielt sie nun jedoch etwas, das Hoffnung brachte. Sie umklammerte fest das Handy. Es fühlte sich real an und war dennoch kaum zu glauben. Die Flugzeuggesellschaft hatte gerade ihr Interesse an Kathrin bekundet und wollte eine Probezeit vereinbaren. Sie dürfte zurück nach Sylt. Zurück zu dem Ort, der ihr für kurze Zeit Zuversicht gebracht hatte.

Zuerst rief sie ihre Freundin an, um ihr Glück mit Alex zu teilen. »Alex, sie wollen mich«, rief sie ins Handy.

»Ahh«, schrie Alex zurück, die genau wusste, wovon Kathrin sprach. »Das ging ja schnell.«

»Jaaaa. Ich kann es kaum glauben. Ich kann zurück zur Trauminsel.«

»Ich bin dermaßen neidisch. Das glaubst du gar nicht.«

»Solange du dich trotzdem für mich freust, ist mir das egal.«

Alex lachte. »Logisch freu ich mich für dich. Ich komme dich einmal im Monat besuchen.«

»Aaaahh. Wie großartig. Ich werde bald ganz viel fliegen.«

Martin hatte Kathrin erst am Abend erwartet, aber schon sorgfältig ihre Worte zurechtgelegt. Er sollte nicht das Gefühl haben, dass sie ihn verließ. Denn das war nicht beabsichtigt. Zumindest noch nicht. Sie wollte nur herausfinden, wer sie ohne Martin an ihrer Seite war. Und dann, in zweiter Instanz, wer sie *mit* Martin war. Erst dann würde sie es beenden. Oder aber herausfinden, wie sie weiterhin miteinander existieren können. Das Glas war halbvoll.

Gegen vier hatte sie die meisten Argumente parat. Alle Abwägungen. Alle Einwände. Sogar Antworten auf mögliche Rückfragen. Pläne für gelegentliche Besuche. Dann drehte sich unerwartet früh der Schlüssel an der Eingangstür. Kathrin hatte gerade erst auf die Uhr geschaut und wusste genau, wie spät es war. Sie kontrollierte erneut ihre Armbanduhr. Und dann auch die Zeit auf ihrem Handy. Alles wie zuvor. Immer noch vier. Die Tür fiel knallend ins Schloss. Sie ging zur Küchentür und sagte im Gehen: »Du bist ja schon da«.

Martin sagte nichts. Er stand nur bleich vor ihr mit hängenden Schultern. Die Augen wirkten eingefallen. Vielleicht war er krank. Er öffnete seinen Mund und schloss ihn dann wieder.

»Was ist los, Martin?« Instinktiv ging sie auf ihn zu, um ihm nahe zu sein. Als hätte sie gewusst, was er gleich sagen würde.

»Mama«, begann er und atmete schwer aus. »Sie ist tot.«

Kathrin nahm ihn sofort in den Arm. Er weinte an ihre Schulter.

»Das tut mir so leid.« Sie strich mit ihren Armen über seinen Rücken. »Was ist passiert?« Sie hatte zwar Probleme mit Blutdruck und Diabetes gehabt, wohl aufgrund ihres Übergewichts. Aber abgesehen davon, kam sie Kathrin eigentlich fit vor.

»Ein Autounfall«, begann Martin. »Sie hat in der Kurve kurz vorm Ortseingangsschild die Kontrolle über ihren Wagen verloren und ist gegen einen Baum geknallt.«

Kathrin spürte, wie er versuchte, die Tränen zu unterdrücken. Das war typisch für seine Familie. Gefühle zeigte man nicht gern. Zu weich.

Eine Stunde lang redeten sie. Über seine Mutter. Über den Unfall. Das Auto. Kathrins Vater. Dann kam ihr Sylt wieder in den Sinn. Die Erkenntnis dieser unglückseligen Schicksalsfügung traf sie mit voller Wucht. Heute war nicht nur Martins Mutter gestorben, sondern auch ihre Pläne. Sie würde nicht wegziehen und ihn damit sich selbst überlassen. Gerade Kathrin konnte nachempfinden, wie es war, so früh ein Elternteil zu verlieren. Man verlor nicht nur Mutter oder Vater, sondern, wenn man Pech hatte, auch den Zugang zu sich selbst.

Kapitel 23

Bitburg, Dezember 2018

»Ich kann mit Ihnen nicht über die Untersuchungsergebnisse sprechen. Das kann nur Frau Doktor.« Die Arzthelferin sah sie mit jenem mitleidigen Blick an, den auch der Gemüsebauer in ihrer heimischen Ecke manchmal zur Schau trug, wenn der Spargel alle war. »*Nein, Spargel is' aus. Aber Sie könn' Ihr Schnitzel ja auch mit Karotten essen.*«

»Schon gut.« Kathrin steckte resigniert ihre Krankenkassenkarte wieder zurück ins Portemonnaie und setzte sich in das Wartezimmer. Ihr Innerstes komprimierte sich, als befände es sich in einem Vakuumbeutel. Wenn sich der Verdacht auf Darmkrebs nicht erhärtet hätte, hätte die Arzthelferin ihr sicher einen Hinweis gegeben. Stattdessen hatte sie sie abgewimmelt. Hieß das also Krebs? Würde sie wie ihr Vater früh an Darmkrebs erkranken? Sie erinnerte sich an den Anruf ihrer Ärztin vor zwei Wochen. »Wir müssen weitere Tests machen, Frau Müller. Es gibt leider ein paar Auffälligkeiten.« Kathrin hatte sich auf den Küchenstuhl gesetzt, ihren Kopf in ihre Hände vergraben und minutenlang die Tischplatte angestarrt. Eigentlich war sie nur zu einer gewöhnlichen Vorsorge beim Arzt gewesen. Die Ärzte sagten zwar immer, sie würden sich bei Auffälligkeiten melden – doch die wenigsten Patienten rechneten wohl damit, wirklich einen Anruf zu bekommen. Es war so eine Standardfloskel wie ein »Darfs noch etwas sein?« beim Bäcker. Man registrierte es, nickte bestenfalls und vergaß es, sobald man das Untersuchungszimmer verlassen hatte. Kathrin gehörte nun also zu denjenigen, die wirklich angerufen wurden. Warum ausgerechnet sie? Konnte der Kelch nicht einmal an ihr vorübergehen? Kranker Vater, Schlaganfallvorboten, toter Vater und nun Krebs? War das ihr Schicksal? Sie wüsste gern, wie es sich anfühlte, ein paar Jahre sorglos zu sein. Mal nur an Urlaub denken. Das würde ihr gefallen. Stattdessen wurde sie erneut mit Krankheit konfrontiert. Mit Vergänglichkeit und letztendlich mit dem möglichen Tod.

Das war aber nicht alles. Martin allein genügte, um ihr Kummer zu machen. Kathrin hatte von einer befreundeten Bekannten erfahren, dass er sie betrogen hatte. Die Freundin hatte eine Freundin, deren Freundin mit Kathrins Ehemann schlief. Die Kommunikationskette funktionierte. Der schlechteste Fall war eingetreten. Betrug.

Am Donnerstag sollte er nach einem mehrwöchigen Auslandsaufenthalt zurück nach Hause kommen. Sie hatte ihre Worte sorgfältig geplant. Ihr geplatzter Traum von Sylt sollte zur Sprache kommen und seine Unfähigkeit, sie und ihre Bedürfnisse wahrzunehmen.

Dann kam der Anruf der Ärztin. Tief vergrabene Ängste wurden nach oben geholt und waberten an die Oberfläche. Ängste der eigenen Vergänglichkeit.

Kathrin hörte, wie ein Schlüssel in den Zylinder geschoben und gedreht wurde. Er war da.

Als Martin zur Tür hereinkam, waren Kathrins Augen verquollen. Eine dicke, schwarze Linie von der Mascara hatte ihre Augen umzingelt.

»Was ist los?«, fragte er und ging nur zögerlich auf sie zu. Obwohl Kathrins Blick getrübt war, meinte sie, Schuldbewusstsein in seinem Gesicht zu erkennen.

Kathrin wischte mit dem Ärmel über ihre Augen. »Meine Ärztin hat angerufen.«

»Weswegen?« Falls er erleichtert darüber gewesen war, offenbar nicht der Grund für Kathrins Tränen zu sein, hatte er sich das nicht anmerken lassen. Noch bevor sie ihm Details nennen konnte, hatte er sie in den Arm genommen.

Eine Darmspiegelung später saß sie wieder allein im Warteraum. Es roch nach Krankheit. Sie sah verstohlen nach rechts zu der untersetzten Frau um die siebzig, die immer wieder in ihre Faust hustete. Die Wahrscheinlichkeit war hoch, dass Kathrin sich zusätzlich zu der noch unbekannten Krankheit einen grippalen Infekt einfangen würde.

»Frau Müller«, rief die bemühte Sprechstundenhilfe. Sie forderte Kathrin lakonisch auf, sich schon einmal ins Behandlungszimmer zu setzen. Also gehorchte sie. Das Zimmer wurde im Gegensatz zum Warteraum immerhin gelüftet. Ihre Nerven beruhigte das nicht. Ihr Vater hatte im Alter von zweiundvierzig Jahren die Diagnose Darmkrebs erhalten. Würde sie das gleiche Schicksal nun schon mit zweiunddreißig Jahren ereilen? Und das, obwohl sie bislang kaum hatte lieben dürfen? Von der Liebe zu Martin war nicht mehr viel übriggeblieben.

»Guten Tag, Frau Müller«, sagte die Ärztin, die von ihr unbemerkt ins Behandlungszimmer gekommen war. »Ich will sie nicht länger auf die Folter spannen. Der Anfangsverdacht hat sich nicht erhärtet.«

Kathrins Herz klopfte. War das eine positive Nachricht? »Moment. Sie sagen also, der Verdacht hat sich *nicht* erhärtet? Ich habe *keinen* Krebs.«

»Nun, Sie sind auf jeden Fall vorbelastet. Das wissen Sie ja selbst. Aber im Moment besteht keine Gefahr.«

Kathrin hielt sich mit der rechten Hand an die Brust. Sie spürte, wie der Vakuumbeutel in ihrem Bauch sich merklich mit Sauerstoff füllte. Kleine Luftstrudel strömten aus. Kathrin atmete erleichtert aus, um die Luftstrudel in die Freiheit zu entlassen. Das Schicksal hatte ihr eine zweite Chance gegeben. Die musste sie nun auch nutzen.

Am Abend hatte Kathrin gekocht. Ein Versöhnungsessen, ohne dass es einen Streit gegeben hatte. Nur sie wusste von ihrer inneren Zerrissenheit. Und so sollte es erst einmal bleiben.

Sie hatte argentinisches Rumpsteak geholt, das teure, weil Martin es mochte. Richtige Temperatur, richtige Würze, richtiger Wein, richtiges Bier. Zum Nachtisch gab es Eiscreme. Weil sie es so mochte. Heute Abend sollten alle glücklich sein, denn sie würde leben. Zumindest würde sie demnächst nicht an Krebs sterben. Martin wusste, dass sie heute beim Arzt gewesen war. Und er wusste von dem Anfangsverdacht. Geschrieben hatte er noch nicht. Kathrin hätte enttäuscht sein können. Aber es hätte sie vermutlich mehr gewundert, wenn er sich gemeldet hätte. Wenn er in der Arbeit war, blieb Privates außen vor. So war es schon vor ihrer Ehe gewesen. Ein Umstand, den sie hinnahm.

Inzwischen war es sechs. Von Martin kein Zeichen. Sie schrieb ihm: »Hab gekocht. Freu mich auf dich.«

Halb sieben. Keine Antwort.

»Kannst du kurz schreiben, wie lange es noch dauert? Soll ich sonst schon anfangen?«

Sieben. Keine Antwort.

Kathrins Magen knurrte. Er hätte wenigstens schreiben können. »Dauert länger. Iss ruhig schon.« Etwas in der Art.

Halb acht. Kathrin nahm den Teller mit dem Steak und stellte ihn in die Mikrowelle. Sechzig Sekunden. Nicht länger, damit es nicht hart wurde. Dann setzte sie sich und setzte das Messer an. Bereits beim Schneiden spürte sie, wie zart das Fleisch war. Als sie den ersten Bissen nahm, schmeckte sie auch, wie gut gewürzt es war. Während sie kaute, nahm sie den Korkenzieher und schraubte ihn in den Korken der Weinflasche. Mit einem lauten ›Plop‹ löste sie den zylinderförmigen Verschluss. Das erste ›gluck gluck gluck‹ in ihr bauchiges Glas war wie Musik in ihren Ohren. Sie roch dran und nippte kurz. Perfekt.

Nach dem dritten Schluck kamen die Fragen. Arbeitete er wirklich oder betrog er sie wieder? War sein Betrug einmalig oder hielt er an? Sie hätte es ansprechen können, wenn die

Wahrheit ihr mürbes Nervenkostüm nicht gänzlich zerstört hätte.

Es war nach acht, als Martin endlich zur Tür hereinkam.

»Hallo«, sagte er erschöpft und warf seinen Rucksack in die Ecke. »Riecht gut.«

Kathrin blickte ihn kommentarlos an. Vielleicht hatte er sein Handy verloren. Dann könnte sie ihm vielleicht zur Hälfte verzeihen. »Ist dein Handy weg?«

Er zog es aus der Gesäßtasche seiner Jeans. »Was? Wieso?«

»Hast du meine Nachrichten gelesen?«

Er sah auf sein Handy. »Flüchtig. Wir haben noch mit 'nem Kunden gequatscht.«

»Gequatscht?«, fragte Kathrin und rang nach Fassung. Vielleicht war ein Menschenleben in Gefahr gewesen. Vielleicht haben sie bequatscht, wie Mund-zu-Mund-Beatmung geht. »Was habt ihr bequatscht?«

»Kathrin, was soll das? Du weißt doch, dass ich nicht aufs Handy gucke, wenn ich arbeite.«

»Hast du mal auf die Uhr geguckt?« Ihre Stimme erhob sich bedrohlich. Er hätte es merken können. Stattdessen studierte er die Nachrichten seines Handys.

»Ich weiß, es ist spät. Tut mir leid.« Es war diese Art ›Tut-mir-leid‹, die Leute sagten, wenn sie ihre Ruhe haben wollten. Die keine Querelen wollten oder Diskussionen.

»Ich glaube nicht, dass es dir leidtut.«

Er rollte gereizt mit seinen Augen und setzte sich an den Tisch.

»Ist dir klar, dass ich heute beim Arzt gewesen bin?«

Er blickte auf. Ein Ausdruck des Erinnerns.

»Entschuldige, das habe ich ganz vergessen. Und was hat der Arzt gesagt?«

»Wenn es dich interessiert hätte, wärst du heute pünktlich da gewesen«, rief sie und verließ die Küche.

Kapitel 24

Bitburg, Dezember 2018

Kathrin war gedanklich kaum anwesend, als eine Dame Mitte fünfzig um ein besonderes Kleid bat. Ihr Streit mit Martin hatte ihre Gedanken und Gefühle vollständig in Beschlag genommen.

»Es soll auf jeden Fall mondän sein. Das war ich früher oft, oder Hubert?« Sie trug ein hochgeschlossenes, fliederfarbenes Kleid. Würde man ihr auf der Straße begegnen, könnte man meinen, sie hätte die aufregendste Zeit ihres Lebens bereits hinter sich. Viele kleine Fältchen um Augen und Lippen. Graue Strähnen, die sich mit ihrem haselnussbraunen Haar mischten. Gefärbte Strähnchen. Echte Strähnchen. Der Unterschied war kaum auszumachen. Vielleicht lag die beste Zeit doch noch vor ihr.

»Du bist es noch, meine Schöne. Du bist es noch«, sagte ihr Verlobter, der fast sechzig sein musste. Sein Haar war fast durchgängig grau. Er hatte ein blau kariertes Hemd an. Zugeknöpft bis zum Anschlag. Darüber einen schwarzen Pullunder. Adrett sah er aus. In Mondänität stand er seiner Verlobten in nichts nach.

»Das heißt, sie kannten sich schon, als sie noch jünger waren?« Kathrin nahm ein gerade geschnittenes, weißes Etuikleid von der Stange. Es passte zum Stil der Braut. Eleganz mit einem Hauch Romantik.

Die Dame kicherte. »Er war meine Jugendliebe.«

Er nahm ihre Hand. Die Liebe für seine Verlobte war unverkennbar groß. »Vor vierzig Jahren waren wir auch schon liiert.« Er zwinkerte seiner Zukünftigen zu.

Kathrin legte das Hochzeitskleid über ihren Arm und strich darüber, obgleich es keine Falten hatte.

»Vierzig Jahre und eine gescheiterte Ehe später stehen wir nun hier. Wir wollen es endlich wagen«, sagte sie und offenbarte zwei kleine Grübchen.

»Soll das heißen, sie waren als Jugendliche verliebt, haben dann jeweils andere geheiratet und sind nun wieder vereint?« Es klang ein wenig illusorisch und doch hatte die Braut genau das gerade erzählt.

»Aber ja. So etwas kann passieren. Die Jugend heutzutage findet es nicht besonders romantisch, wenn man zwischendurch einmal verheiratet war. Dabei habe ich auch meinen Ehemann für viele Jahre geliebt. Aber anders. Nie so tief wie ihn.« Sie hielt den Arm ihres Verlobten, als spräche sie von der einen großen, unübersehbaren, alles überwindenden Liebe. Kathrin kam das nur allzu bekannt vor. Sie ließ sich samt Kleid kraftlos auf das Sofa sinken, das sonst von jungen Frauen benutzt worden war, die mit Sekt ihre Braut-Freundin bewunderten. Ein Teil von ihr, der lautere, hatte sich selbst zuletzt immer wieder ermahnt, die Träumereien zu lassen. Phillip einfach ziehen zu lassen, weil es Geschichten wie in dem Buch ›Zwei an einem Tag‹ in der Realität nicht gab. Doch der kleinere, leise Teil, war die Hoffnung. Die Hoffnung wollte sich nicht der Realität unterwerfen, sondern gehört werden.

»Alles in Ordnung, meine Liebe? Vielleicht brauchen *Sie* einen Schluck vom Sekt. Sie sind ja aschfahl.« Die Braut setzte sich zu Kathrin auf die Couch und legte sachte eine Hand auf ihre Schulter. Ihr Bräutigam zögerte nicht lange, griff nach dem bereitstehenden, unbenutzten Glas, füllte es zur Hälfte und reichte es Kathrin. Die leerte es mit einem Zug. Der Sprudel kribbelte in ihrer Kehle. Es schmerzte sogar. Sie war noch immer kein großer Alkoholfan, aber diese Geschichte berührte sie so sehr, dass der Sekt ihr jetzt wie eine Zwangsläufigkeit vorkam.

Die Braut wartete geduldig. Ihr liebevoller, mütterlicher Blick ging Kathrin nahe. Sie sah ihr in die Augen. »Ich habe selbst eine Jugendliebe, mit der ich nie glücklich werden durfte. Stattdessen habe ich jemand anderen geheiratet. Den liebe ich auch, nur ...«

Die Braut klopfte auf ihre Knie. »Ich versteh' schon.«

Kathrins Augen wurden wässrig.

»Man kann auch jemand anderen lieben. Niemand weiß das besser als ich. Man kann sogar glücklich mit ihm werden. Vielleicht sogar für immer. Es ist keine Schande, trotzdem immer an den einen zu denken.«

Kathrins Brust, die von den gestrigen Geschehnissen noch schmerzte, wurde noch schwerer. So schwer, dass sie die Tränen weder aufhalten konnte noch wollte. »Ich habe immer ein schlechtes Gewissen, wenn ich an Phillip denke. Aber ich kann es einfach nicht abschalten. Wann hört das endlich auf?«

Auch die Augen der Braut wurden feucht. Selbst die des Bräutigams. Der setzte sich neben seine Verlobte, faltete seine Hände ineinander und sagte: »Liebe kann man nicht aufhalten.«

Kathrin setzte sich mit verschränkten Beinen auf ihren grauen Sessel und legte ein weiches Fellkissen darauf. In den zittrigen Händen hielt sie ihr Handy. Ihr Mann war wie so oft bei der Arbeit. Diesmal fragte sie ihn nicht, ob er früher kommen würde. Anders als sonst wünschte sie sich auch gar nicht, dass er da war. Das bedeutete vielleicht etwas.

Das Brautpaar heute Nachmittag hatte sie darin bestärkt, ihrem Herzen zu folgen. Nachdem sie zu dritt auf der Couch geweint hatten, hatte ihre Chefin ihr für den Nachmittag freigegeben. Kathrin war zum Supermarkt gefahren und hatte sich Erdbeer-Mascarpone-Eiscreme und eine Tüte Cheese-and-Onion-Chips für hinterher geholt. Jetzt saß sie unter dem Fellkissen mit einer Schüssel voll Eis und ihrem Handy obendrauf.

Mit anhaltend zitternden Händen schob sie einen Löffel voll Eis in ihren Mund. Kathrin schloss die Augen und ließ die süße, cremige Masse auf ihrer Zunge zergehen. Es war kalt. So wie Eis es für gewöhnlich war. Aber das Zittern in ihren Fingern kam nicht davon. Es war erneut die Angst vor den Konsequenzen und dem Wissen darum, dass die Liebe zu dem einen nicht zum Betrug gegenüber einem anderen berechtigte. Auch dann nicht, wenn sie selbst betrogen worden war. Weil niemand da war, um das Unausweichliche aufzuhalten, schrieb sie dem Mann, der ihr Lieben und Denken noch immer bestimmte.

»Ich musste heute an dich denken.«

Kapitel 25

Bitburg, Januar 2019

»Ich habe mich verliebt.«

Kathrin saß auf der Couch und starrte Martin an, der ihr gegenüber auf dem Sessel saß. Ihre Hände hatte sie zwischen die Beine geklemmt.

»Und wir waren miteinander im Bett.« Er saß so gleichgültig da, als hätte er ihr gerade gesagt, es gäbe Pasta statt Kartoffeln zum Abendessen. Stattdessen hatte er ihr gestanden, sie betrogen zu haben. Dabei war das nichts Neues. Sie wusste schon lange, dass er sie betrogen hatte. Allerdings hatte sie gehofft, dass das geendet hatte. War es die gleiche Frau oder eine andere?

Kathrin schloss die Augen und atmete tief durch. »Wie lange geht das schon?«

»Ist das wichtig?« Martin saß zurückgelehnt auf dem Sessel und hatte die Beine übereinandergeschlagen. Wäre er weniger gelassen gewesen, hätte sie vielleicht geheult. Stattdessen hätte sie ihm am liebsten die Wasserkaraffe über den Schädel gezogen.

»Die meisten Menschen trennen sich, *bevor* sie mit anderen ins Bett steigen wollen«, sagte sie ruhig und meinte, ihr Herz schlagen zu hören.

»Ist das so?«, fragte er, als wüsste er etwas, worüber sie nie geredet hatten. Hatte er von ihren Nachrichten an Phillip erfahren? Glaubte er, dass zwischen ihnen was gelaufen war? Und wenn es so war, warum hatte er sie nie darauf angesprochen?

Kathrin hatte nicht vor, ihm die Absolution zu erteilen. Sie würde ihm nicht sagen, dass sie den gleichen Fehler gemacht hatte, weil es nicht stimmte. Auch wenn sie sich nicht völlig unschuldig fühlte – emotional gesehen waren sie vielleicht immer zu dritt gewesen in ihrer Ehe. Tatsache aber war, dass sie ihn nie betrogen hatte. Also ging sie.

Kathrin schmiss den großen Koffer auf ihr Bett und öffnete den Reißverschluss. Sie holte ihre Lieblingssocken aus der Schublade und eine Lounge-Hose, die sie zum Lesen immer trug. Außerdem ein paar Bücher. Den Roman ›Die Liebe im Ernstfall‹, den sie zu Weihnachten bekommen hatte. Wie passend. Auch sie probte gerade den Ernstfall. Außerdem packte sie einen blutrünstigen Fitzek-Thriller ein, den sie eigentlich schon gelesen hatte. Es war gewiss nicht so, dass sie nach Inspiration suchte. Aber es wäre hilfreich, ihren Noch-Ehemann zumindest in Gedanken leiden zu sehen.

Ob er geahnt hatte, dass Kathrin all die Jahre nie aufgehört hatte, einen anderen zu lieben? Im Prinzip spielte es gar keine Rolle. Auch wenn sie Phillip vielleicht noch geliebt hatte, liebte sie dennoch Martin. Zugegebenermaßen weniger stark. Und, was vielleicht am wichtigsten war: Sie hatte Martin nie betrogen. Zumindest nicht körperlich. Obgleich sie nie in Versuchung geraten war. Kathrin hätte nicht gewusst, wie sie reagiert hätte, wenn es tatsächlich je zu einem Treffen gekommen wäre. Aber das war es nie. Tatsache war, dass sie Phillip seit über zwölf Jahren nicht mehr gesehen hatte.

In emotionaler Hinsicht dagegen war sie ihm wahrscheinlich nie treu gewesen. Phillip war immer schon der *andere Mann* gewesen. Ein stillschweigender Hausierer ihres Herzens.

Ihr Ehemann kam zur Tür herein und runzelte die Stirn. Vermutlich hatte er erwartet, dass sie sich völlig aufgelöst unter der Decke verkroch. Kathrin hatte nicht die geringste Absicht. Zumindest nicht hier. Teflon-Kaddy verstand es seit Kindertagen, ihre Gefühle gründlich zu dosieren. Vor Martin würde sie sich nicht offenbaren.

»Ich fahre zu Mama.« Sie zog den Reißverschluss ihres Koffers zu, nahm diesen in die Hand und verließ das Zimmer und Martin.

Kathrin zog die Bettdecke fast bis zur Schulter. Darauf lag ihr Buch. Als ihre Mutter vorhin die Haustür geöffnet hatte, brach alles aus Kathrin heraus. All die Wut, Enttäuschung, Verzweiflung und unerfüllte Liebe hatten sich in ihrer Kehle zu einer feindlichen Armee zusammengerottet und ihr Innerstes rücksichtslos zerschmettert. Erst als ihre Mutter sie zehn Minuten in den Armen gehalten hatte, war Kathrin in der Lage gewesen zu erklären, was passiert war.

»Ihr seid immer schon zu verschieden gewesen«, hatte ihre Mutter geantwortet und es damit genau getroffen. Nicht nur intellektuell – Martin hatte Kathrins Begeisterung für Literatur nie verstanden. Auch ihre Weltanschauung, ihre Ansichten waren grundverschieden.

Sie war immer schon für Europa gewesen, er dagegen. Bis zuletzt hatte er sich die D-Mark zurückgewünscht. Deshalb war er auch zumindest Befürworter der Alternative für Deutschland gewesen. Weil endlich mal einer ›Wahrheiten‹ aussprach. Kathrin hätte lieber gewusst, warum diese Partei nicht einfach verboten wurde. Sie wollte keine Kinder und er nur dann, wenn Kathrin deren *Pflege* übernahm.

Sie mochte Kunst. Er wollte sie gern mögen und gehörte zu denjenigen, die, wenn sie vor einem Kunstwerk standen, wissend nickten. Als würde er den tieferen Sinn dahinter verstehen. Das tat er selbst dann, wenn die Kunst aus einer Banane bestand, die dabei war, sich von Gelb in schwarz zu verwandeln, ähnlich wie die FDP in CDU, wenn es der Wählerwille verlangte. Wenn Kathrin später wissen wollte, was genau ihm daran gefiel, hatte er ausweichend geantwortet: »Wollen wir essen gehen? Ich lad' dich ein.«

Sie kaufte fast immer Bio. Ihm war egal, was auf den Tisch kam, solange er nicht auf sieben Fleischmahlzeiten wöchentlich verzichten musste. Vegetarismus hielt er für eine vorübergehende Trenderscheinung, so wie Schlaghosen in den Siebzigern.

Dass sie es vier Jahre miteinander ausgehalten hatten, war schon fast ungewöhnlich. Kathrin nahm an, dass es manchmal genügte, sich einander verbunden zu fühlen. Oft konnte diese Verbundenheit einem ganzen Eheleben standhalten. In ihrem Fall nicht.

Auf der Fensterscheibe war Raureif. Der Blick auf draußen blieb dadurch versperrt. Was bedeutete überhaupt Raureif? Reif implizierte, dass jemand oder etwas ein Stadium des Zufriedenstellenden erreicht hatte. Rau dagegen eine unebene Fläche. Eine, die noch glattgebügelt werden musste. Vielleicht war Kathrin auch irgendwie Raureif. Sie musste noch glattgebügelt werden. Sie war sicher nicht perfekt. Aber geistig und sozial war sie ihrem Ex-Mann immer voraus gewesen. Sie hatte ihn nie betrogen. Das musste reif gewesen sein, oder etwa nicht?

Kathrin überlegte, wie alles mit ihr und Martin begonnen hatte. Es musste eine Zeit gegeben haben, in der es sie weniger gestört hatte, was er wie sagte. Oder sie konnte eher darüber hinwegsehen.

Als sie genauer darüber nachdachte, wurde ihr klar, dass er immer schon seltsame Sachen von sich gegeben hatte. Dinge, die sie eigentlich nicht mochte, die gegen ihre eigenen Werte gingen. Was sie damals an ihm bewundert hatte, war sein Mut, diese Dinge trotzdem auszusprechen. Er wusste genau, dass Kathrin ein vehementer Gegner von Drogen war, und dennoch war er mutig genug gewesen, ihr schon bei ihrer zweiten

Begegnung zu sagen, dass er welche genommen hatte. Die Ehrlichkeit hatte ihr imponiert. Und auch, wie sehr er sich für seine Arbeit eingesetzt hatte – zumindest zu Beginn der Beziehung. Er war loyal seinem Arbeitgeber gegenüber. Kathrin dachte irrtümlicherweise, dass er diese Loyalität später auch für sie und ihre Ehe aufbringen würde. In dem Punkt hatte sie sich geirrt. Und er hatte nicht verstanden, wie sie sich damit fühlte, ständig an zweiter Stelle zu stehen. Kathrin war nie sicher gewesen, ob es daran gelegen hatte, dass ihm die Empathie fehlte, oder daran, dass ihm eine gewisse Cleverness abging.

Sie selbst hatten sich nie als Team sehen können. Eher waren sie konkurrierende Fußballmannschaften, die sich über die Treffer in das gegnerische Tor gefreut hatten und allzu gern auch mal auf ein Foul zurückgriffen. Anfangs war Kathrin noch stolz auf ihre verbale Überlegenheit gewesen. Später packte sie das schlechte Gewissen. Immerhin konnte er nichts dafür, dass er nicht alles verstand. Und sie hatte ihn damals genau so genommen, wie er nun mal war. Es war unrecht, sich später darüber zu beklagen.

Beide hatten sich im Laufe ihrer Beziehung in unterschiedliche Richtungen entwickelt. Er fokussierte sich weiterhin auf die Arbeit und sie auf alles andere. Geistig war sie ihm dadurch entwischt, oder er ihr. Wobei sie nicht wirklich Mühe darauf verwendet hatte, das Auseinanderweichen irgendwie aufzuhalten. Sie ließ es einfach geschehen. Irgendwann wurden sie einander immer fremder. Bis sie sich schließlich einsam gefühlt hatte in ihrer eigenen Ehe. Lag einer der Gründe, eine Ehe einzugehen, nicht darin, einem vor der Einsamkeit zu bewahren?

Als sie diesmal ihre heimischen, noch winterlich verschlafenen Wiesen entlanglief, dachte sie nicht an Martin und die unsägliche Trennung, sondern wieder einmal an ihre Fata- Morgana-Liebe. Sie schloss ihre Augen, lauschte dem fröhlichen Gezwitscher einer Lerche. Die Lerche war nirgendwo zu sehen. Nur dank des fröhlichen Gesanges wusste Kathrin, dass

sie wirklich da war. Auch Phillip war nie irgendwo zu sehen, aber dank SMS und Xing wusste sie, dass er real war. Irgendwo gab es ihn. Nur nicht hier.
Hier gab es Ruhe. Alles hier war ruhig und aufgeräumt.
Nicht, dass Kathrin der aufgeräumte Typ wäre. Chaos war schon immer ihr Nebenbuhler gewesen. Aber die Ruhe liebte und brauchte sie jetzt. Endlich hatte das Geplärre von Martin in ihrem Kopf ein Ende.

Er und sie waren wahrscheinlich nie füreinander gedacht gewesen. Das hätte sie damals vielleicht erkannt, wenn der Gesundheitszustand ihres Vaters sie nicht völlig aus dem Takt gebracht hätte. Trotzdem war es nicht völlig falsch gewesen, diese Ehe eingegangen zu sein. Sie wusste nun, was sie nicht mehr wollte.

Kapitel 26

Trier, März 2019

»Wenn du in die älteste Stadt Deutschlands kommst, kannst du alte Probleme dalassen, wo sie sind«, sagte Alex.

»Im Bett meines Mannes?«

»Ex-Mannes«, erwiderte Alex, für die die Sache mit Martin bereits gelaufen war. Sie hatten den ganzen Tag in Trier verbracht. Hatten die Porta Nigra gesehen, den Dom und auch die Basilika. Um ihre Füße zu schonen, hatten sie den Hop-On-Hop-Off-Bus gar nicht erst verlassen. Weil es ein Doppelstockbus war, hatten sie sich einen Platz am Oberdeck gesucht. Hier waren sie die meiste Zeit allein. Von ein paar Kids abgesehen, kam keiner nach oben. Sie hatten zwei Mini-Prosecco dabeigehabt und zwei Sektgläser.

»Ich hasse Alkohol«, sagte Kathrin und nahm einen Schluck.

»Hier ist kaum welcher drinnen.« Alex drehte die Flasche in ihrer Hand. »Sieben Prozent. Ist fast wie Brause.«

»Das wievielte Mal sind wir eigentlich schon am Dom vorbeigefahren?« Sie sah aus dem Fenster.

»Ich glaube, das ist jetzt das dritte Mal. Wir können auch eine Runde laufen gehen.«

Kathrin ließ sich tiefer in ihren Sitz sinken. »Nein, danke. Dann fahr' ich lieber noch zweimal am Dom vorbei.«

»Genau, spar deine Energie. Die wirst du heut Abend auf dem Bierfest brauchen.«

Kathrin brummte. »Eigentlich habe ich gar keine Lust darauf.«

»Natürlich nicht. Aber mein Auftrag für heute ist, dich auf andere Gedanken zu bringen.«

Im Prinzip hatte Kathrin sich inzwischen selbst auf andere Gedanken gebracht. Sie gehörte nicht zu den Menschen, die gerettet werden mussten und hatte ihr Leben selbst geordnet. Mann weg, neue Wohnung, neuer Job, weil die Liebenden im Brautladen inzwischen keine Glücksgefühle mehr in ihr auslösten. Sie arbeitete wieder im Dialogmarketing. Diesmal für eine innovative Schreinerei, die klein genug war, um sich persönlich zu begegnen. Und individuell genug, damit auch Kathrin sich darin wiederfinden konnte.

»Sag mal«, begann Alex und biss sich auf die Innenseite ihrer Wange.

»Was ist?«, frage Kathrin.

»Bitte verstehe mich nicht falsch.«

»Dafür müsstest du erst mal etwas sagen.«

»Also schön.« Alex rieb mit ihren Händen ein paarmal über ihre Jeans. »Das, was Martin getan hat, war unverzeihlich.«

Kathrin zog die rechte Augenbraue nach oben. Sie hoffte, ihre Freundin würde ihr jetzt nicht sagen, dass große Liebe auch mal einen Ausrutscher vertrug.

»Allerdings«, stimmte sie ihr zu.

»Du selbst hast ihn natürlich nicht betrogen.«

Kathrin nickte. »Auch das stimmt.«

»Außer in deinen Gedanken«, sagte Alex und riss ihre Augen auf, sodass sie ein wenig paranoid wirkte.

»In meinen Gedanken habe ich auch mit Ryan Gosling geschlafen. Was willst du mir damit sagen?«

»Das stimmt. Ich hatte auch die eine oder andere Fantasie. Die Gedanken sind frei.«

»Absolut.«

»Aber wenn du die Möglichkeit gehabt hättest … Wenn Philip jemals eine deiner Einladungen angenommen hätte. Glaubst du, du wärst Martin treu geblieben?«

Kathrin atmete schwer aus. Darüber hatte sie mehr als einmal nachgedacht. Die Antwort schwebte um sie herum wie Luft-Plankton. Sie war kaum sichtbar und noch viel weniger greifbar. »Ich weiß es nicht. Wirklich nicht. Den Jungen, den ich damals gekannt habe, gibt es heute gar nicht mehr. Er ist inzwischen ein erwachsener Mann. Seine Wertvorstellungen stimmen mit meinen wahrscheinlich gar nicht mehr überein.«

»Warum wolltest du ihn dann unbedingt treffen?«

»Um ihn zu entzaubern vielleicht. All die Jahre bin ich in eine Lichtgestalt verliebt gewesen. Jeder Mann, den ich getroffen habe, hat sich an ihm messen lassen müssen. Ich würde nur gern …« Sie schluckte. »Was ist, wenn ich mich nie so tief verlieben konnte, weil ich bislang blockiert gewesen bin? Was ist, wenn ich diese Blockade nur lösen muss, um endlich frei zu sein?«

»Und wenn du ihn nie wiedersiehst? Glaubst du, dass du dann nie richtig lieben wirst?«

»Vielleicht ist das so.« Kathrin zog zum dritten Mal ihren Schal runter und wieder rauf, weil ihr nicht klar war, ob ihr warm oder kalt war. Der Gedanke, dass sie ihre eine große Liebe bereits hatte, erschreckte sie.

»Er ist vielleicht dein Kryptonit-Mensch.«

Kathrin zog den Reißverschluss auf und lockerte ihren Schal. »Du meinst, er raubt mir all meine Liebe?«

»Öhm, nein eigentlich meinte ich etwas anderes. Aber das klingt auch gut.«

»Und was meintest du?«

»Davon habe neulich gelesen. Das ist ein Mensch, von dem man abhängig ist.«

»Klingt wie eine Krankheit.«

»Ist es vielleicht. Ich google das mal.« Alex holte ihr Handy heraus und tippte »Kryptonit-Me-«. Sie musste es nicht einmal zu Ende tippen. Die Autovervollständigung regelte den Rest.

Für Kathrin fühlte es sich absolut falsch an, ihre Liebe zu Phillip als Krankheit zu bezeichnen. »Wollen wir nicht lieber noch etwas von der Stadt sehen?«

Alex las, ohne auf ihre Frage einzugehen, laut vor: »Der Mensch und die gemeinsam verbrachte Zeit entsprechen in den Erinnerungen einer Idealisierung. Hinter dem Begriff Kryptonit-Mensch stecken unter anderem psychologische Erklärungen wie das Schlüssel-Schloss-Prinzip.« Alex sah von ihrem Handy auf. »Hast du davon schon mal gehört?«

Kathrin presste die Lippen aufeinander und antwortete nichts.

Auf eine Antwort kam es Alex auch gar nicht an. Unbeirrt folgte sie wieder dem Text. »Gefährlich kann es werden, wenn aus der Faszination mehr als eine Schwärmerei wird. Es kann zu einer toxischen Beziehung kommen, die in eine emotionale Abhängigkeit mündet.« Alex sah ihr in die Augen. Sie wirkte ernsthaft besorgt. »Bist du emotional abhängig?«

»Nee.«

»Also nicht«, sagte Alex und las weiter. »In dem Fall sollte der oder die Betroffene sich aus der Beziehung lösen und den Kontakt abbrechen.«

»Wir haben keine Beziehung.«

Alex beachtete ihren Einwand erneut nicht und las weiter: »Eine psychologische Betreuung kann in einer toxischen Beziehung sinnvoll sein.«

»Ich bin doch nicht krank.«

»Vielleicht weißt du es nur nicht.«

»Alex!«

»Ich bin gleich fertig.« Sie sah wieder auf ihr Smartphone. »Was du vom Kryptonit-Menschen lernen kannst.« Sie sah wieder Kathrin an. »Siehst du. Du kannst sogar etwas davon lernen.« Ihr Blick wanderte wieder nach unten. »So besonders wie in den idealisierten Erinnerungen war das Erlebte oft gar nicht. Dessen sollten Betroffene sich bewusst sein. Das Projizieren von Gefühlen auf eine bestimmte Person ist oftmals ein Hinweis darauf, dass Betroffene an ihrem stärkeren Selbstwert arbeiten sollten.«

Betroffene. Das klang fremd. Sie hatte sich nie in irgendeiner Form als Opfer gesehen. Dieser Artikel ging in eine völlig andere Richtung.

»Außerdem sollten sie versuchen, alte Trennungs- oder Verlusterfahrungen zu reflektieren und gegebenenfalls zu verarbeiten.« Alex richtete sich wieder auf. Zwischen ihren Brauen zeichnete sich eine deutliche Falte ab. »Könnte die *Pille danach* etwas damit zu tun haben?«

Kathrin schluckte. Das war definitiv ein Thema, das noch tief in ihr schwelte. »Ich weiß nicht.« Sie wollte es nicht. Aber sicher konnte sie nicht sein. »Der Tag, an dem ich die Pille genommen habe, hat mich auf jeden Fall geprägt. Es darf sich nie wiederholen.«

»Eine Pille zu nehmen, um eine Schwangerschaft zu verhindern, ist doch besser, als eine Abtreibung zu haben.«

»Ich weiß nicht, ob man von besser reden kann. Aber ich nehme an, dass das Leiden nach einer Abtreibung größer sein muss. Daran will ich gar nicht denken.« Kathrin strich ihre Haare glatt, die Sekunden später durch den Wind wieder durcheinander gerieten.

»Es ist schwer zu verstehen. Zumindest für mich.«

»Nicht nur für dich. Ich verstehe es selbst nicht.«

»Und wenn du doch mal zur Therapeutin gehst?«

»Ich bin nicht krank, Alex. Und ich habe auch kein Problem. Nur weil man nicht denkt oder fühlt, wie die Mehrheit der Menschen, heißt das doch nicht, dass man ein Problem hätte oder irgendwie anders wäre.« Das war eines der Dinge, die sie an Alex störte. Wenn man nicht in ihre Schablone passte, musste man zur Therapie, um sich auf Spur bringen zu lassen. Dabei konnte man auch glücklich sein, ohne in eine vorherbestimmte Form zu passen. Sie war wie der Purpurne Faden, von dem Epiktet, ein römischer Philosoph, geschrieben hatte, um

Einzigartigkeit zu beschreiben. Dieser eine auffällige Faden, der sich von allen anderen gleichfarbigen Fäden unterschied. Sie fühlte nicht wie viele andere. Und trotzdem war alles genau so richtig, wie es war.

»Hier gibt's nur besoffene Bauerntölpel.« Kathrin lehnte mit verschränkten Armen auf der Bierbank.

»Ach, was. Hier sind auch andere Typen. Vielleicht bist du gerade einfach zu skeptisch. Bei allen Männern.«

Wieso bei allen Männern? Es klang, als könnte man es Kathrin grundsätzlich nicht recht machen. »Was soll das bedeuten?«

Alex spitzte ihre Lippen »Hast du dich vielleicht mal gefragt, ob du allein, also ganz ohne Mann, glücklicher wärst?«

»Wie bitte?« Kathrin senkte den Kopf. Sie hatte nichts dagegen, für eine Weile Single zu sein. Doch ein Leben ohne Partner an ihrer Seite wollte sie sich nicht vorstellen. Es irritierte Kathrin, dass ihre Freundin sich das offenbar für sie vorstellen könnte.

»Ja, so traurig es ist, etwas zu wollen, was man nicht hat. Es ist viel schlimmer, etwas zu haben, das man nicht will. Und solltest du irgendwann *den* Typen bekommen, von dem du glaubst, er wäre perfekt für dich, würde er irgendwann trotzdem zu etwas werden, was du nicht willst.«

»Wieso sagst du das?« Kathrin hoffte, dass ihre Freundin zu alkoholisiert war, um logisch zu denken. Allerdings schien sie tatsächlich der festen Annahme zu sein, dass Kathrin sich die Fehler der anderen absichtlich herbeiredete.

»Weil den, den du wirklich willst, den gibt es nicht.«

»Ach was.«

»Nein. Und ich glaube, dass du das weißt. Du hängst an einer idealisierten Vorstellung von deinem Phillip.«

Zwischen Kathrins Brauen bildete sich eine tiefe Falte. Sie war wütend. Und zwar gründlich. »Ich kann nicht glauben, was du da sagst.«

»Schon gut. Tut mir leid.«

»Nein, du kannst das jetzt nicht einfach abtun.«

»Ich denke ja nur, dass du mal ganz unvoreingenommen an eine Sache herangehen müsstest.«

»Wie meinst du das?«

»Na ja, vielleicht einfach nicht davon ausgehen, dass hier sowieso *alle* besoffen sind. Es gibt hier ganz sicher auch andere. Wir müssen nur näher zur Bühne ran, komm«, sagte Alex und zog sie am Ellenbogen. Kathrin stand schwerfällig auf und ließ sich mitziehen. Vielleicht war sie voreingenommen. Aber dass sie glücklicher allein wäre, war definitiv nicht richtig.

»Was genau soll vorn an der Bühne anders sein?«

»Da sind die weniger besoffenen Typen.«

Das war nicht ganz richtig. Jeder wusste, dass im Bierzelt die meisten feiernden, grölenden und ja, auch besoffenen Fans waren.

»Wir suchen dir jetzt einen Fuck-Buddy«, ergänzte Alex.

»Einen was?«

»Du hattest nie einen One-Night-Stand. Falls du dich wirklich nie wieder verlieben kannst, musst du zumindest etwas Spaß haben.«

Die Volksmusik dröhnte in ihren Ohren. Kathrin sehnte sich nach ihrem Bett und einem Buch. Außerdem nach Ruhe. Und ein bisschen Frieden.

Kurz vor der Bühne blieb sie stehen. Das aufgeregte Blinken der Scheinwerfer überreizte ihr ohnehin schon angespanntes Gemüt. Sie tanzten eine Weile. Obwohl Kathrin bei Volkmusik nicht so recht in Schwung kam. Die Blaskappelle heizte der johlenden Menge ordentlich ein. Kathrins instabiles Maß war voll. Alex' Maß dagegen fast leer.

»Siehst du die da?«, fragte Alex und deutete auf eine kleine, maskuline Menschentraube. Alle hatten das gleiche alberne T-Shirt an, auf denen ›Last Man Standing‹ prangte. Es war offensichtlich, dass sie dort alle standen, um einen zu bemitleidenden Mann die letzte ledige Männerehre zu erweisen. Den zukünftigen Bräutigam hatten die beiden Freundinnen auch schnell ausgemacht, denn der trug als Einziger einen Strohhut.

»Den will ich«, lallte Alex, die inzwischen wirklich betrunken sein musste.

»Den Mann?«, fragte Kathrin.

»Den Huuut.«

»Warum?«

Alex verschränkte ihre Arme. »Verlangst du dafür wirklich eine logische Erklärung?«

Eigentlich nicht.

Kathrin zuckte mit den Schultern. Vielleicht war sie nicht der Typ für Bierfeste, aber schüchtern war sie nicht. Die Aussicht auf kommunikativen Austausch war sogar anregend.

Also ging sie zu dem Mann, der ihr von diesem Standpunkt aus am nächsten war. Er stand mit dem Rücken zur ihr. Alles, was sie sah, war sein glatt geschorener Kopf.

»Kannst du uns bitte den Hut vom Bräutigam besorgen?«

Der drehte sich zu ihr und zog eine Augenbraue nach oben. »Was wollt ihr denn damit?«

Kathrin vergaß den Hut. Und beinahe auch ihre Sprache. Er wirkte wie ein Ideal. Eines, das sie nie zu Ende gedacht hatte.

»Ähm«, begann sie und überlegte kurz, ob sie selbst betrunken sein könnte. »Meine Freundin dachte, er würde gut zu ihrem Kleid passen.«

Er lächelte und sagte dennoch: »Den kann ich euch nicht geben.«

»Schade«, sagte Alex schmollend und tänzelte zurück zur Bühne. Kathrin jedoch blieb.

»Habt ihr auch etwas zu feiern?«, fragte er.

Kathrin kratzte sich an ihrem Kopf. »Eigentlich nicht. Meine Freundin sucht einen Fuck-Buddy für mich.«

Er lachte. »Und da hat sie sich ausgerechnet den Bräutigam ausgesucht?«

»Den wollte sie gar nicht, sondern den Hut. Ich glaube, ihre Mission hat sie inzwischen vergessen. Sie ist ein wenig angeschickert.«

Er nickte. »Du scheinst nicht betrunken zu sein.«

»Nee, ich bin eigentlich nicht der Typ für Sauf-Veranstaltungen.« Ihr wurde klar, dass *er* genau deswegen hier gewesen sein musste. »Sorry.«

Er winkte ab. »Ich bin sonst auch nicht der Typ dafür.«

Erst da wurde ihr bewusst, dass er im Gegensatz zum Rest der Männertraube nicht betrunken war. Und das an einem Junggesellenabschied.

»Warum sucht deine Freundin einen Fuck-Buddy für dich?«

Kathrin nahm einen Schluck von ihrem Wasser, von dem sie bislang immer nur genippt hatte, um nicht ständig aufs Klo rennen zu müssen. »Ich bin frisch getrennt.«

»Glücklich oder unglücklich?«

Die Frage hatte Kathrin sich heute noch gar nicht gestellt. Gerade fühlte sie sich nicht unglücklich. Allerdings war der Umstand, wie die Trennung verlaufen war und zum Teil noch lief, nicht gerade ein Freudenfest. »Weder noch. Mir geht's gut und er ist ein Arsch.«

Er lachte. »Ich bin übrigens Samuel.«

»Kathrin«, antwortete sie und hatte das Gefühl, ihn jetzt schon zu mögen. Hinzu kam, dass sie eine Schwäche für Männer mit Glatze hatte.

»Also hat er dir dein Herz gebrochen?«

»Zumindest hat er mich betrogen.« Ob ihr Herz gebrochen war, wusste sie nicht. Wahrscheinlich hätte sie ihn dafür mehr lieben müssen.

»Dann muss er ein Dummkopf sein.«

Sie lächelte. »Das kann ich definitiv bestätigen.«

Sie plauderten, kicherten, flirteten und spotteten, bis nach einer zeitlos erscheinenden Stunde, die Kathrin wie Sekunden voller Glück vorkam, ein Teil der Junggesellen-Traube auf sie zugetorkelt kam. Einer der Jungs stieß sie von der Seite an, sodass ihr Wasser überschwappte, genau wie vor einer Minute noch ihr Herz.

»Wass isss hia eigentlich los?«, lallte der Betrunkene.

»Darf ich vorstellen?«, fragte Samuel und zeigte auf Kathrin. »Die Mutter meiner zukünftigen Kinder.«

»Wann sehen wir uns wieder?« Kathrin war kaum im Hotel angekommen, als ihr Smartphone aufleuchtete. Sie lächelte. Auch sie wollte ihn wiedersehen. Wer hätte heute Morgen gedacht, was für eine Wendung der Tag nehmen würde.

»Am liebsten ja gleich. Aber nächste Woche wäre auch noch in Ordnung«, tippte sie in ihr Handy, als sie endlich im warmen Bett lag. Alex lag bäuchlings neben ihr. Auf der Decke, weil zum Zudecken keine Zeit gewesen war. Dafür aber zum Abschminken. Selbst nach zwei Maß und Schlängelliniengang nahm sie sich Zeit, um ihr Gesicht von Make-up, Lippenstift und Mascara zu befreien. In dem Punkt war sie konsequent. Als Alex laut pfeifend ausatmete, wusste Kathrin, dass sie es ins Land der Träume geschafft hatte.

»Du bist schon etwas Besonderes.« Die Antwort ließ kaum mehr als ein paar Sekunden auf sich warten.

Sie drückte das Handy an ihre Brust, hinter der ihr Herz großspurig klopfte. Hätte es das nicht getan, wäre Kathrin nicht sicher gewesen, wie real dieser Moment war. Manchmal vermischten sich Traum und Realität. Ein Wunsch, der sich im Traum erfüllte und nach dem Aufwachen Ernüchterung hervorrief, wenn sich herausstellte, dass nichts davon wahr gewesen war.

Sie dachte an seine blauen Augen, die sie an das Cover von Frank Schätzings ›Der Schwarm‹ erinnerten. Das Buch hatte sie vor einer Woche in einem Geben-Nehmen-Regal entdeckt, als sie einen Rosamunde-Pilcher-Schmöker loswerden wollte. Ein Geschenk ihrer neuen Arbeitskollegin, die ein großer Fan war.

Früher hatte ihr das ›Schwarm‹-Auge einen Heidenrespekt eingeflößt. Es wirkte bedrohlich. Heute ertappte sie sich dabei, wie sie das Buch immer wieder anlächelte. Nicht auf eine irre Art. Eher schwärmerisch. Das passte dann auch wieder zum Schwarm.

Als Samuel vorhin zu seiner Männertraube zurückmusste, war ihr sofort klar gewesen, dass sie ihn wiedersehen wollte. Also hatte sie ihm einen Zettel mit ihrer Nummer zugesteckt.

»Warte«, hatte er gerufen. Er hatte sie aufgehalten, bevor sie sich endgültig umdrehen konnte.

»Nur für alle Fälle«, hatte er gesagt und sie geküsst. Und sie war davongeschwebt wie damals als Teenagerin.

Nun lag sie wie früher in ihrem Bett, das gleiche Bauchkribbeln, die gleiche Aufregung, und überlegte, was sie ihm schreiben sollte. Sie wollte nichts übereilen. Nicht zu weit hervorpreschen und ihn in die Ecke drängen. Dann wurde ihr bewusst, dass er sich zu nichts drängen lassen würde. Er war nicht schüchtern. Aber er war auch kein Player. In diesem Fall war ganz sicher Ehrlichkeit die beste Strategie.

»Als der Tag heute begonnen hat, hätte ich nicht erwartet, dass die banale Frage nach einem Hut alles verändern würde.«

Kaum einen Wimpernschlag später leuchtete erneut ihr Handy auf: »Das nennt man Sekundenglück.«

Kathrin schluckte. Mochte er tatsächlich, was auch sie mochte? »Zitierst du etwa Grönemeyer?«

»Du kennst es also?«

Sie lächelte. »Ja, ich kenne es. Und es passt zum heutigen Abend.«

»Es sind die einzigartigen tausendstel Momente«, schrieb er und gab damit erneut Grönemeyer wieder. Sie hatten nicht nur ihr Kennenlernen, ihren ersten Kuss und ihren Song an einem Tag. Sie hatten auch voneinander erfahren, dass Samuel aus Heidelberg kam und sie aus Bitburg. Das Schicksal hatte sie beide unabhängig voneinander an genau diesem Tag nach Trier geführt. Das musste wirklich Sekundenglück sein.

Kapitel 27

Bitburg, März 2019

Sonntag. »Guten Morgen.« Das Smartphone blinkte auf, noch ehe sie zur Tür hereingekommen war.

»Guten Morgen. Schon wach?«

»Die Jungs und ich sind zum gemeinsamen Frühstück verabredet. Was hast du heute vor?«

Kathrin sah aus dem Fenster. Es regnete und der Wind pfiff durch die Dachgiebel. Sie wohnte inzwischen wieder in der Einliegerwohnung ihrer Mutter. Die meisten Sachen aus ihrer ehelichen Wohnung hatte sie hier untergestellt, sodass sie nun den ersten Sonntag seit Langem umgeben von Daunenfedern verbringen würde. Kein Kistenschleppen, keine Hin- und Herfahrerei und vor allem kein Martin.

»Ich werde das Bett heute nicht mehr verlassen, zu viel Kaffee trinken und lesen.«

»Was liest du?«

»Zeiten des Sturms.«

»Spannend. Ich habe die Serie schon durch. Lass mich wissen, wie es dir gefallen hat. Meld mich später wieder.«

Kathrin starrte auf ihr Smartphone. Er hatte das gleiche Buch gelesen? Sie war noch nie einem Mann begegnet, der zum Vergnügen las. Geschweige denn das gleiche Buch. Sie ließ sich zufrieden in ihre übereinander gestapelten Kissen sinken und nahm gedankenversunken einen ersten Schluck vom Kaffee.

»Ermittelst du noch mit Sheridan Grant?«

Kathrin las lächelnd seine Nachricht. Sie hatte sich schon gefragt, wann Samuel sich wieder melden würde. Inzwischen war es zwei.

»Sheridan lebt inzwischen ihren Traum. Ich habe das Buch vor einer Minute beendet.« Sie klappte es zu und ging in die Küche. Als sie die Türschwelle übertrat, vibrierte ihr Handy erneut.

»Entweder bist du eine verdammt schnelle Leserin oder du hattest schon die Hälfte des Buches durch.«

Kathrin lachte. »Beides. Wie hat dir das Ende gefallen?«

»War aufwühlend. Die Reihe insgesamt hatte ganz schön viele Wendungen.«

»Ja, oder? Mein Herz klopft immer noch. Vielleicht liegt das aber auch an der sechsten Tasse Kaffee.« Das hinderte sie nicht daran, sich einen neuen zuzubereiten. Sie stellte die Tasse in den Vollautomaten und drückte auf den grünen Startknopf.

»*Lach*. Was liest du als Nächstes?«

»Ich weiß noch nicht. Schwanke zwischen dem neuen Roman von Simon Beckett und ›Der letzte Satz‹ von Seethaler.« Von Simon Beckett hatte sie bislang noch nichts gelesen, aber der forensische Anthropologe hatte sie neugierig gemacht.

»Die Simon-Beckett-Reihe rund um David Hunter kann ich nur empfehlen.«

Kathrin pfiff erstaunt laut aus. »Sag bloß, die hast du auch gelesen.« Die Kaffeebohnen wurden geräuschintensiv durch das Mahlwerk gezogen. Kathrin liebte diesen Klang, weil es den kurz bevorstehenden frisch gemahlenen Kaffeeduft ankündigte.

»Wir sind uns vielleicht ähnlicher, als du denkst.«

Sie stand in der Kaffeewolke und spürte innerlich und äußerlich, was Glück bedeutete. »Aus einem Guss. Außerdem bewundernswert.« Diesmal nutzte sie Worte aus Grönemeyers ›Sekundenglück‹.

Und er antwortete ihr aus der gleichen Strophe: »Es ist die Stille der Gefühle.«

Montag. »Und? Hast du jetzt Lust auf eine Kreuzfahrt?«, hatte er ihr gleich nach dem Aufwachen geschrieben.

»Wie kommst du auf Kreuzfahrt?«, hatte sie geantwortet, bevor sie zur Dusche gegangen war. Als sie das Badezimmer verlassen hatte, leuchtete ihr schon die Antwort entgegen.

»Beschreibt der Seethaler nicht die Schiffsreise eines alternden Musikers?«

Kathrin schrieb: »Ja, aber es hat absolut nichts von einer Kreuzfahrt. Mal abgesehen davon, dass Kreuzfahrten nicht mein Ding sind.«

»Sondern?«

»Ich lern' gern Land und Leute kennen. Wenn ich einen Meerurlaub mache, dann weil ich in den Sand unter mir spüren will, oder wenigstens wissen möchte, dass welcher in der Nähe ist.«

»Passt. Was hältst du von Kapverden? Da hätten wir beides.«

Kathrin hielt für einen Moment den Atem an. Konnte es sein, dass er sogar die gleichen Orte wie sie gesehen hatte? Wie ähnlich konnten sich zwei Menschen sein? »Willst du mir damit sagen, dass du auch schon auf den Kapverden warst?«

»Nein, du etwa?«

»Jaaaa!«

»Umso besser. Dann kannst du uns gleich bekannt machen.«

Kathrin grinste. Dass Samuel selbst nie in Kapverden war, störte sie nicht. Wozu gab es YouTube? Er würde sich die Bilder ansehen, während sie ihm davon erzählte. Die Aussicht, mit ihm gedanklich der realen Welt zu entfliehen, war vielversprechend. »Ich kann mir nichts Schöneres vorstellen.«

»Und ich zeige dir Schweden. Am schönsten lässt sich die Natur mit dem Fahrrad erleben.«

»O nein«, flüsterte sie und ihr Lächeln verschwand. Dann tippte sie in ihr Handy: »Ich kann nicht Fahrrad fahren.«

Ein paar unerträglich lange Minuten antwortete er nichts und dann: »Ich habe noch nie jemanden kennengelernt, der nicht Fahrrad fahren kann. Wie kommt's?«

Die Frage hatte sie erwartet. In den vergangenen Jahren wurde sie sicher siebenunddreißigmal gefragt, warum ein erwachsener Mensch nicht fahren konnte. Die schlichte, aber wahrheitsgemäße Antwort war, dass sie es nie gelernt hatte. Es hatte nie Fahrradtouren am Wochenende gegeben. Die Sonntagsbrötchen wurden nicht mit dem Rad geholt. Es gab keine Kinder-Fahrrad-Gang, die heimlich die Kirschen der Nachbarn geklaut hatte, um anschließend auf der Straße mit den Füßen ein saftiges Kirsch-Blutbad aus zertretenen Kirschen anzurichten.

Wenn sie als Familie Ausflüge gemacht hatten, dann mit dem Auto. »In unserer Familie fährt niemand Rad«, schrieb sie, um diesen Umstand weniger ungewöhnlich aussehen zu lassen.

»Dann wird es höchste Zeit, dass ich es dir beibringe.«

Dienstag. Kathrins Tag war nicht gut verlaufen. Gleich am Morgen hatte sie Kaffee erst über den gesamten Schreibtisch und dann über den Ärmel ihrer weißen Bluse gekippt. Danach konnte der Tag nur noch schlechter werden. Ihre Kollegen waren anfangs bemüht, sie aufzuheitern, und ab Mittag, als sie merkten, dass es vergebene Lebensmüh war, gingen sie ihr aus dem Weg. Der braune Fleck hatte sie wie ihre Laune durch den Tag begleitet. Dazu der kalte Kaffeegeruch. Eigentlich war sie gar nicht der Typ Mensch, der sich von Flecken oder seltsamen Gerüchen runterziehen ließ. Möglicherweise lag es einfach daran, dass es seit zwei Tagen regnete und sie die Sonne nicht gesehen hatte. Das, in Verbindung mit einem erst nassen, dann müffelnden Ärmel und dem Telefon, das heute unablässig zu klingen schien, versetzten sie in eine üble Laune.

Weil sie sich gut kannte, wusste sie auch, dass es nichts brachte, den Tag einfach durchzuziehen. Um ihrer Seele zu schmeicheln, musste sie nach Hause fahren, ihre Kaffeekleidung in Lounge-Kleidung wechseln, den kalten Kaffeegeruch mit frischem aus der Kaffeemaschine tauschen und ihre Gedanken in ein Buch tauchen. Also nahm sie mit ihren angesparten Überstunden der vergangenen Monate einen halben Gleittag. Sie setzte sich mit verschränkten Beinen auf ihren Sessel und legte ihr Buch darauf. »Viel besser«, seufzte sie.

Um ihrer neugewonnen Zufriedenheit das Krönchen aufzusetzen, beschloss sie, auch ihren Gehörgang zu umschmeicheln. Und zwar mit Samuels Stimme. Sie hatten seit dem Bierfest nicht mehr miteinander gesprochen. Vielleicht war seine Stimme abseits von Volkmusik und Männergegröle eine völlig andere. Sie drückte den ›Anrufen‹-Button und wartete. Es ertönte nur ein einziger ›Piep‹, bis er abnahm. »Hallo.«

Ein Funke in ihr. Hitzig, und trotzdem auch gelöst. Die Stimme war keine andere. Er klang genauso sanft wie bei ihrem ersten Treffen.

»Hi. Ich wollte mal wieder deine Stimme hören.«

»Das trifft sich gut. Ich wollte dich heute auch anrufen.«

»Natürlich wolltest du das.« Das meinte sie keineswegs ironisch. Ihr permanenter Gleichklang war schon fast zur Gewohnheit geworden. »Ich wollte wissen, wie sich deine Stimme anhört, wenn du nicht von einer grölenden Männermeute umgeben bist.« Und von einer besoffenen, dachte Kathrin im Stillen.

»Und? Unangenehm oder angenehm?«

»Definitiv angenehm.« Eigentlich mochte sie die meisten Männerstimmen, weil sie in der Regel tief waren. Was ihr auditives System dagegen nicht mochte, waren laute Stimmen. Stimmen, die grölten oder schimpften. Oder eine Kombination von lauten und hohen Tönen, die Steffi gern fuhr. Sie mochte sie. Sehr sogar. Aber am liebsten dann, wenn sie ihre ›Drinnenstimme‹ benutzte.

»Du klingst auch definitiv angenehm. Das habe ich aber schon an dem Abend gemerkt. Was hast du heute noch vor?«

Ein Rumpeln begleitete seine Worte. Vielleicht räumte er gerade auf.

»Ich weiß noch nicht. Was ich definitiv weiß, ist, dass ich keinen Kaffee trinken werde.« Kathrin klappte ihr Buch auf, ohne hineinzusehen.

»Keinen Kaffee? Bist du krank?«

Kathrin schüttelte den Kopf, wohlwissend, dass er es nicht sehen konnte. »Das nicht. Ich hatte heute eine üble Kaffeebegegnung. Sag mir lieber mal, was du heute machst. Das klingt ja bestialisch.« Kathrin hörte erneut ein Rumpeln und dann leise rhythmische Schläge.

»Ich bereite Fleisch für unseren Grillabend vor.«

»Grillen im März? Ist es dafür nicht noch ein bisschen zu früh?«

»Es ist nie zu früh, um den Grill anzuschmeißen. Wann startest du für gewöhnlich in die Grillsaison?«

»Ich habe keine Grill-Regeln. Mit meiner Familie haben wir nie gegrillt.«

»Was meinst du mit nie?« Grillen war offenbar mehr für ihn als bloße Nahrungsaufnahme. Es war eine zeremonielle Huldigung an Grill, Fleisch und Freunde.

»Meine Mama musste abends arbeiten. Sie ist Maskenbildnerin am Theater. Die Vorstellungen sind immer abends.«

»Das muss blöd für euch gewesen sein.« Samuel hackte etwas. Vielleicht Zwiebeln.

»Nein, gar nicht. Wir waren es ja gewohnt. Statt idyllischem Grillen gab es für uns Tatort. Ich war vielleicht die einzige Sechsjährige im Kindergarten, die sich mit Morden auskannte.«

Er lachte. »Nicht schlecht. Daher hast du wohl deine Vorliebe für Krimis.«

»Kann gut sein.«

»Heutzutage würden besorgte Kindergärtner wohl Briefe an die Eltern schicken.«

»Vermutlich.« Kathrin hatte durch die Unterhaltung mit Samuel weder Lust auf Fleisch noch Grillen bekommen. Aber die

Vorfreude, die sie sogar durch das Telefon spüren konnte, weckte ihre Frühlingsgefühle. Sie hatte Lust, in seine gute Laune einzusteigen. Also mixte sie sich einen Ginger Ale mit Limetten und Minze. Obwohl die noch kühlen Temperaturen es noch nicht erforderlich machten, mischte sie sogar ein paar Eiswürfel unter. Der Stimmung wegen. Eiswürfel waren schon fast ein Indikator für Sommerurlaub. Für ein paar ruhige Minuten hantierte er am Fleisch und sie am alkoholfreien Cocktail. Alkoholfrei auch deshalb, weil morgen Arbeitstag war.

»Sag mal, hast du morgen eigentlich frei?«, fragte sie.

»Ne, wieso?«

»Na ja, ich kann mir vorstellen, dass dein Grillabend heute länger dauert.«

»Ich bin morgen im Home-Office. Das passt schon. Mein Chef hat vor allem eine Regel: Solange ihr die Arbeit erledigt und sie richtig erledigt, ist mir der Rest egal.«

»Netter Chef. Was machst du eigentlich?«

»Ich bin Berater und Verkäufer bei einem großen Online-Baustoffhändler. Wir arbeiten seit über elf Jahren zusammen.«

»Elf Jahre? Wahnsinn. So lange habe ich es noch nie bei einem Arbeitgeber ausgehalten. Ich brauche immer Abwechslung.«

»Und was machst du?«

»Gelernt habe ich mal Kauffrau für Dialogmarketing. Ich liebe das Schreiben. Ich war aber auch einige Zeit im einem Brautmodengeschäft und als Stewardess wollte ich auch mal arbeiten. Daraus ist aber leider nichts geworden. Seit einer Weile arbeite ich für eine Schreinerei.«

»Moment. Du meinst Schreinerei im Sinne von Dinge aus Holz herstellen?«

Kathrin lachte. »Ich selbst mach da nichts aus Holz. Ich mache wieder das, was ich ursprünglich gelernt habe: texten.«

»Und was textest du so?«

»Ich gestalte zum Beispiel die Homepage und schreibe da Dinge wie: ›Von Menschen für Menschen‹ oder ›Ein persönliches Kennenlernen und gegenseitiges Verstehen ist der Schlüssel zu einer guten Zusammenarbeit‹«, flötete sie mit affektierter Werbestimme.

»Jaaa«, rief Samuel.

»Ja wozu?«

»Völlig egal. So, wie du es sagst, würde ich dir alles abkaufen.«

Kathrin lachte. »Es wäre auf jeden Fall qualitativ hochwertig.«

Das Beste an ihrer Arbeit war, dass sie sich mit der Firma sogar identifizieren konnte. Das hatte zwar auch mit dem zu tun, was das Unternehmen produzierte, aber vor allem an den Menschen dort. Sie übertrugen ihre positive Art auf alle Ebenen, sodass man als Mitarbeiter nicht anders konnte, als dahinterzustehen. Selbst dann, wenn man sonst keine Ahnung von Holzverarbeitung hatte.

»Ich fand's bisher schwierig, immer bei einem Arbeitgeber zu bleiben. Ich brauche immer mal wieder Neues« Kathrin nahm einen Schluck vom eisgekühlten Ginger Ale. Samuel hatte seinen Arbeitgeber nie verlassen. Genau wie Phillip. Bedeutete das etwas?

Mittwoch. »Was isst du heute?«

Es war bereits sechs Uhr abends, als ihr Handy aufblinkte. Sie hatten sich am Morgen einen schönen Tag gewünscht und sich dann nicht mehr geschrieben. Sie, weil der berufliche Alltag sie völlig vereinnahmt hatte. Bei ihm würde es ähnlich gewesen sein. Trotz alledem wusste oder ahnte sie, dass er an sie dachte. Es war nicht notwendig, sich permanent vom Handy vereinnahmen zu lassen. Diesmal umgab sie eine latente Gewissheit, dass sie einander auch ohne pausenlosen Kontakt mochten.

»Ich habe mir eine Pasta mit grünem Spargel gemacht.«

»Interessant.«

Kathrin zog eine Augenbraue nach oben und schrieb zurück: »Lass mich raten. Bei dir gibt es genau dasselbe.«

»*Lach*. Nicht ganz. Ich suche noch nach Inspiration. Aber ich denke, wenn ich grünen Spargel im Haus hätte, würde ich mir genau das Gleiche kochen. Eigentlich wusste ich gar nicht, dass es schon welchen gibt.«

»Achtzehn Euro das Kilo. Aber ich konnte nicht dran vorbeigehen.«

»Der frühe Spargel fängt den … *Hust*. Äh, wie war das?«

»Ja, ja. Red du nur. Dafür hab ich gleich ein wunderbares Mahl, während du noch immer überlegst.«

»Du könntest mich zu dir einladen.«

Kathrin schürzte die Lippen. Als ob er wirklich kommen würde. »Also schön. Hiermit lade ich dich herzlich ein. Die Pasta ist wahrscheinlich kalt, ehe du da bist. Aber meine Mama hat eine Mikrowelle, die ich sicher benutzen dürfte.«

»Es gibt 300 gute Gründe, zu dir zu kommen.«

Kathrin grinste. Sie waren 300 Kilometer voneinander getrennt. Viel zu weit, um sich wirklich zu begegnen. Zumindest nicht spontan an einem Abend. Ein ganzer Tag sähe hingegen anders aus.

»Wir könnten uns nächste Woche treffen. Montag, Dienstag oder Mittwoch. Völlig egal. Ich habe frei.«

»Ach was. Ich auch.«

Kathrin lachte. Wie sollte es auch anders sein? »Ich kaufe neuen Spargel.«

»Das ist das, was man ›Sekundenglück‹ nennt.«

Kathrin hielt schwärmerisch das Handy an ihre Brust. Er nutzte im richtigen Moment die richtigen Worte. Immer wieder fand er zu diesem Lied zurück, das ihre jungen Gefühle füreinander beschrieb. Ein Gefühl des Überschwappens. Weniger das Bedauern, wenn etwas, das eigentlich in einem Gefäß sein sollte, auf dem Boden landete. Sondern vielmehr das Gefühl der Schwerelosigkeit aus Sicht einzelner Tropfen, die sich einen Weg aus dem Gefäß bahnten, um für kurze Zeit zu schweben.

Donnerstag.

»Eigentlich könnten wir unser erstes Date auch gleich auf die Malediven verlegen«, sagte Samuel.

Kathrin lachte. Insgeheim hätte sie sich das sogar vorstellen können. Vielleicht nicht gleich auf die Malediven. Aber sie wollte viel mehr Zeit mit ihm verbringen als nur einen Tag.

Sie hörte ein lautes Hacken. Offenbar hatte er gerade die Möhrchen am Wickel. Heute hatten sie sich zum gemeinsamen Kochen verabredet. Sie machten Gemüselasagne.

»Hackst du die Möhrchen?«

»Ja, die sind ganz schön widerspenstig.« Er hackte noch lauter.

»Weißt du, was ich gern wüsste?« Kathrin strich sich ihr Haar hinter das Ohr, weil es durch das permanente Nach-unten-gucken immer wieder nach vorn fiel.

»Ob wir das Gemüse nicht einfach in einen automatischen Zerkleinerer werfen sollten?«

Kathrin lachte. »Ja, das auch.«

»Und sonst?«

Kathrin nahm die gewaschene Zucchini aus dem Abtropfsieb und zerteilte sie längs. »Findest du es nicht auch merkwürdig, dass wir so viele Gemeinsamkeiten haben? Da kann doch was nicht stimmen.«

»Ne, bisher fand ich's toll.«

»Jaaa, ich ja auch …«

»Und du wüsstest gern, in welchen Dingen wir so richtig verschieden sind?«

»Ja. Na ja, es muss doch etwas geben, was uns voneinander unterscheidet. Versteh mich nicht falsch. Ich hatte mal eine Beziehung mit einem Mann, die ich gewissermaßen idealisiert habe. Bis heute weiß ich nicht, wie real das zwischen uns gewesen ist. Ich glaube, es ist wichtig, zu wissen, was einen unterscheidet. Nur, um zu fühlen, dass es echt ist.«

»Diese Unterschiede gibt es ganz sicher. Wenn die Dinge ihren Lauf nehmen, begegnet man zwangsläufig all den Unterschieden und irgendwann auch den Ticks, die einen an dem anderen stören.«

»Ticks? Was wäre das zum Beispiel.«

»Na ja, ich habe gewissermaßen einen Ordnungsfimmel. Bei mir muss alles immer seinen Platz haben. Und wenn es nicht an seinem Platz ist, werde ich unruhig.«

»Oje«, sagte Kathrin, dann hörte sie ein Stöhnen. »Dann hast du es also gar nicht gern, wenn jemand deine Ordnung durcheinanderbringt. Ich bin eine regelrechte Chaotin und lasse alles immer überall liegen. Du solltest mal mein Zimmer sehen. In jeder Ecke liegt ein Buch. Ganz zu schweigen von meinen Klamotten.«

»Die Unordnung anderer stört mich weniger. Allerdings habe ich dann die Tendenz, ihnen hinterherzuräumen.«

»Das ständige Räumen nervt dich dann sicher.«

»Nein, gar nicht. Ich räume wirklich gern.«

»Aber?«

»Meine Ex-Freundin mochte nie, dass ich ihr Zeug weggeräumt habe. Und ich konnte es nicht ertragen, dass überall etwas rumlag. Das war langfristig ein Problem.«

»Ach, wenn das so ist. Dann haben wir glaube ich kein Problem. Hinter mir darfst du gern herräumen.«

Freitag.

»Noch vier Tage.«

Es war kurz nach sechs am Abend. Inzwischen hatte sich eine kleine Routine entwickelt. Am Morgen schrieb sie ihm zuerst, weil sie als Erstes aufstand. Am Abend schrieb er oder sie telefonierten. Kathrin mochte diese Verlässlichkeit. Heute jedoch schrieb er weder, noch rief er an. Dabei wollten sie gemeinsam backen. Pizza ›David Speziale‹, ein Rezept, das nur Samuel kannte.

Um 18:39 Uhr klingelte das Telefon. Kathrin nahm sofort ab.

»Es tut mir leid. Ich habe vergessen, dass Freitag ist. Mein Rucksack mit dem Handy war mit dem Einkauf im Kofferraum. Sonst hätte ich angerufen.«

»Das heißt, du hast die ›David Speziale‹ vergessen?« Kathrin war ein wenig enttäuscht. Nicht nur wegen des Hungers, sondern auch wegen der Speziale. Sie hatte Artischocken besorgen müssen und Salami vom Cinta Senese, eine Salami, die mit siebenundzwanzig Euro nicht gerade günstig war. Die Kombination wollte Kathrin unbedingt probieren. Heute.

»Ich vergesse doch nicht unseren Kochabend. Die Freitagsdemonstration war mir entfallen. Fridays for Future.«

Kathrin atmete erleichtert aus. »Das meinst du. Mein Weg führt nicht an der Demo vorbei. Daher bekomme ich davon kaum etwas mit.« Einmal war sie selbst dabei gewesen, aber nur, weil sie zufällig mit Vicky in der Nähe war. Die Stimmung war gut gewesen. Das Anliegen wichtig. Trotzdem hatte sie nicht mehr teilgenommen. Warum eigentlich nicht?

Die fertige Pizza war tatsächlich ein Highlight, obwohl es davon einige gab in letzter Zeit. Sie liebte die Zeit mit ihm. Und sie liebte den Gedanken, dass sie sich bald erneut begegnen würden. Allerdings war ihr inzwischen der eine Tag zu wenig. Sie wollte nicht draufgängerisch erscheinen. Trotzdem wollte sie mehr. Mit ein bisschen Glück ging es ihm genauso.

»Sag mal, wir wohnen ja ziemlich weit voneinander entfernt. Was würdest du davon halten, wenn wir aus unserem Date einen mehrtägigen Trip machen?« Kathrin zog den Bauch ein.

»Was hältst du von Düsseldorf?«

»Perfekt!« Kathrin atmete erleichtert aus. »Ich bin so froh, dass du ›Ja‹ gesagt hast.«

»Ein Tag wäre mir auch zu kurz gewesen.«

»Total verrückt, das mit uns.« Sie grinste.

»Findest du?«

»Jaaa.«

»Kennst du eigentlich ›All of me?‹ von John Legend?«

»Ähm.« Sie kratzte sich an den Augenbrauen.

»Keine Sorge. Ich will nichts zitieren.«

Kathrin kicherte. »Das hatte ich nicht befürchtet. Ich kann mich nur gerade nicht an die Melodie erinnern. Vom Text ganz zu schweigen.«

Er antwortete nicht. Erst wollte sie ihn fragen, doch dann hörte sie es. Erst ein paar leise Töne. Dann wurden sie lauter. Es war ein Klavier.

»Ich wusste nicht, dass du spielen kannst«, flüsterte sie bewusst leise, damit er es nicht verstand. Er sollte nicht aufhören, das Spiel nicht beenden. Sie setzte sich in ihren Sessel und zog die Beine an. Mit dem Finger strich sie die Träne vom rechten Lid, die unbemerkt in ihr Auge gehuscht war. Es war so schön. Sie glaubte nicht, dass es schon Liebe war. Und doch gab es dieses flüchtige Gefühl und ein Sehnen auf das, was noch kommen würde. Die Liebe, selbst wenn sie noch jung war, war das absolut Größte.

Samstag. Inzwischen wurde die Sehnsucht von Tag zu Tag größer. Heute hatte er ihr noch nicht geschrieben. Und das, obwohl es bereits zehn war. Kathrin wusste aber, dass er gestern Abend mit seinem Freund unterwegs gewesen war und den Samstagmorgen zum Ausschlafen nutzen würde.

Es war, als würde Samuel wissen, dass sie gerade an ihn gedacht hatte. Das Telefon klingelte.

»Guten Morgen«, sagte Kathrin.

»Guten Morgen. Ich hoffe, du hast so schön geträumt wie ich, denn ich war mit dir auf den Malediven.«

Kathrin lachte. »Wir hatten uns doch auf Düsseldorf geeinigt.«

»Ich weiß. Aber es träumt sich nun mal viel schöner vom blauen Indischen Ozean als vom grünen Rhein.«

Wieder brachte er sie zum Lachen. Oft taten ihr während der Telefonate mit ihm die Wangen weh, weil sie so oft lachte. Der schönste Schmerz von allen.

»Wenn ich aus meinem Fenster hier blicke, sehe ich das, was ich gerade fühle.«

Kathrin umfasste den silberfarbenen, runden Anhänger ihrer Kette. »Was siehst du denn?«

»Den Frühling. Der bricht sich die Bahn.«

So ähnlich hatte es auch Grönemeyer gesungen.

Sonntag.

»Ich habe uns einen Tisch im ›Conrad Maldives‹ reserviert.« Samuel brauchte kein ›Hallo‹, um sie zu begrüßen. Er stieg gern direkt ein, so als würden sie zusammenwohnen und er wäre nur mal eben zur ihr in die Küche gekommen.

»Aha, wo ist das denn?« Kathrin schenkte sich eine Tasse ein.

»Auf den Malediven.«

Kathrin lachte. »Waahaas? Träumst du immer noch von den Malediven? Schmink es dir ab. Wir fahren nach Düsseldorf.«

»Jaa, damit habe ich mich inzwischen abgefunden. Das Restaurant habe ich für nächstes Jahr gebucht. Ist das erste Unterwasser-Restaurant dort. Man muss lange im Voraus reservieren.«

»Ein Restaurant unter Wasser? Ist ja verrückt.« Kathrin wurde von Reiselust gepackt. Inzwischen sehnte sie sich tatsächlich ans Meer.

»Ja, es liegt sechs Meter unter dem Meeresspiegel. Während du isst, kannst du Anemonenfische und Doktorfische beobachten. Und wenn man Glück hat, begegnet man sogar einem Riffhai oder einem Mantarochen.«

»Ist ja irre. Kein Wunder, dass man so lange im Voraus buchen muss.«

»Ich wusste, dass dir das gefallen würde. Aber es muss warten. Du willst Ostern bestimmt mit deiner Familie verbringen.«

»Ja, wir verbringen sämtliche Feiertage immer in großer Runde.« Kathrin nahm sich noch einen Keks aus der Dose und ging dann mit dem Kaffee ins Wohnzimmer.

»Familie ist euch also sehr wichtig?«

»Absolut. Auch, wenn wir ein wenig skurril zusammengewürfelt sind.« Sie setzte sich in ihren großen Sessel.

»Skurril?«

»Ja, es werden nicht nur meine Schwester und meine Mutter dabei sein, sondern auch die komplette Familie meiner Schwester. Ihre Schwiegermutter ist inzwischen mit meiner Mama befreundet.«

»Das finde ich noch nicht skurril.«

»Meine Adoptivschwester wird auch da sein.«

»Deine Eltern haben noch eine Tochter adoptiert?«

»Meine Mutter. Aber erst, als meine Adoptivschwester zwanzig war. Meine Schwester und ich waren da schon längst ausgezogen.«

»Das klingt jetzt tatsächlich ein wenig skurril. Hat es mit einem Adelstitel zu tun?«

Kathrin lachte lauthals. »Also *das* wäre wirklich merkwürdig. Aber nein. Sie war die Kollegin meiner Mama. Als ihre Eltern gestorben waren, stand sie plötzlich allein da, weil sie niemanden mehr hatte. Seitdem gehört sie zu uns.«

»Deine Mutter ist ein Engel.«

»Ist sie. Aber nicht nur für meine Mama ist sie inzwischen eine Tochter. Für Sarah und mich ist sie zur Schwester geworden. Familie ist bei uns so viel mehr als DNA.«

Sie aßen wieder gemeinsam. Es war schon fast zur Gewohnheit geworden. Heute gab es Schnittchen. Käse, Wurst, Tomate, dazu ein wenig Schnittlauch. Sie schnitten gemeinsam das Brot in Scheiben und zerlegten die Tomate in Einzelteile. Während sie aßen, plauderten sie. Das Essen war Kathrins größte Herausforderung, weil ihr Kopfhörerkabel sich manchmal über ihre Schnittchen legte. Seit einer Woche nahm sie sich vor, kabellose Kopfhörer zu besorgen. Aber die Aufschieberitis hatte sie in Beschlag genommen.

Sie sprachen über alles, was sie bewegte. Manchmal sogar über Politik. Er war nicht immer ihrer Meinung. Aber er hatte eine, die er auch vertreten konnte. Endlich hatte sie einen Gesprächspartner auf Augenhöhe. Er hörte ihr nicht nur zu, sondern verstand sie auch. Als wäre sie nach Jahren einseitiger Kommunikation auf einem Planeten gelandet, in dem man ihr antwortete. Man musste keine Monologe führen. Sie war nicht mehr allein auf dieser Welt. Jetzt waren sie zu zweit. Die Momente vergingen jeden Tag so schnell, dass Kathrin allmählich begann, die Zeit zu verfluchen. Sie wollte mehr davon. Viel mehr.

Gegen zehn zog sie ihr Schlafshirt an und kuschelte sich in ihr Bett. Es war warm und duftete nach frisch gewaschen. Heute Nachmittag hatte sie es neu bezogen. Es gab nichts Besseres.

»Es ist verrückt. Seit wir miteinander schreiben und reden, fühl' ich mich jeden Tag neuer. Als würde ich neu geboren werden.«

»Hast du dich vorher alt gefühlt?«

Sie lachte. »Nein, das nicht. Höchstens … entzaubert.«

»Zauber darf im Leben nicht fehlen.«

»Ganz genau.«

»Kennst du das Gedicht von Hesse – ›Stufen‹? Es ist mein Lieblingsgedicht. Erst seit ich *dich* kenne, verstehe ich es richtig.« Genau genommen, hatte es plötzlich einen Sinn ergeben, als er für sie ›All of me‹ gespielt hatte. Sie hatte vorher schon geahnt, dass sie beide wie geschaffen füreinander waren. Aber ab dem Moment wusste sie, dass er ihr Neunanfang war.

»Jetzt will ich es unbedingt lesen.«

»Ich kann es dir vorlesen, wenn du willst.« Während sie es aussprach, schmiss sie ihre Bettdecke nach hinten und ging zu ihrem Bücherregal. Sie erkannte schon von Weitem das Buch mit dem blauen Einband. Als sie wieder im Bett lag, schlug sie es in der Mitte auf. Sie musste nicht lange suchen, um die richtige Seite zu finden.

»Stufen«, begann sie. »Von Hermann Hesse.«

Montag.

»Morgen ist es so weit«.

Kathrin sah auf ihr Smartphone und spürte eine wohlige Welle in sich aufsteigen. Es kam ihr vor, als würden sie sich seit Monaten kennen. Und erst jetzt, nach endlos scheinender Abstinenz, würden sie sich wiedersehen können.

Ein bisschen war es auch eine Heilung, denn sie hatte sich seit ihrem neunzehnten Lebensjahr gewünscht, den einen Mann zu treffen, für den ihr Herz schlug. Auch wenn sie immer gedacht hatte, dass Phillip derjenige sein würde. Diese lange unerfüllte Wartezeit fühlte sich ähnlich an. Zum ersten Mal würde ihr Sehnen erfüllt werden. Das gebrochene Herz ihrer Vergangenheit begann zu heilen.

Kathrin schrieb ihm: »Du glaubst gar nicht, wie sehr ich mich auf morgen freue.«

»O doch. Ich glaube es.«

»Also bleibt es dabei? Morgen um zehn Uhr?« Sie hatten sich telefonisch schon darüber geeinigt, aber Kathrin wollte es gern noch einmal lesen.

»Morgen um zehn bin ich bei dir.«

Kathrin legte ihr Smartphone auf die Brust. Es war tatsächlich real. Dann vibrierte es erneut. Sie sah auf den Bildschirm. Noch eine Nachricht von Samuel. »Weißt du übrigens, was mir bewusst geworden ist?«

»Was denn?«

»Wir werden morgen mindestens eine Stunde gemeinsam in einem kleinen Auto verbringen. Wenn das kein Härtefall-Training ist, dann weiß ich auch nicht.«

Er hatte absolut recht. Sie brauchten keine Malediven.

»Man muss im kleinsten Kosmos glücklich sein und die Außenwelt egal sein lassen.«

Kapitel 28

Bitburg, Düsseldorf, 6. April 2019

»Schön, dich zu sehen«, sagte er und nahm ihre rechte Hand. Dann kam er, ohne die Hand loszulassen, noch ein Stück näher, sodass sich beinahe ihre Schuhspitzen berührten. Schließlich trat auch sie noch einen Schritt vor, bis sich tatsächlich ihre Zehen trafen. Und aus einem ganz und gar unlogischen, dafür romantischen Automatismus heraus, kamen sich ihre Gesichter noch näher. Er roch süßlich, als hätte er gerade eben genascht.

»Hattest du Schokolade im Auto?«

»Snickers.«

Sie lächelte. »Riecht gut.« Dann stellte sie sich auf die Zehenspitzen und küsste ihn. Er strich mit seinen Händen über ihren Rücken. Eine gewaltige Oxytocinwelle durchströmte sofort ihren Körper. Sie löste sich nur ungern wieder von ihm.

»Was ich gern wüsste«, setzte er an und strich noch immer über ihren Rücken. »Sind wir schon verliebt?«

Sie lächelte, nahm ihren Koffer und seine Hand und zog ihn mit sich. »Muss wohl so sein.«

»Lass mich deinen Koffer nehmen«, sagte er.

»Nicht nötig. Der Koffer hat Rollen.« Damit war alles gesagt. Sie brauchte ihn nicht, um ihre Koffer zu tragen. Aber er durfte gern seinen Snickers mit ihr teilen.

Während der Autofahrt waren sie schon wieder vertraut miteinander. Genau wie bei den Telefonaten und Textnachrichten in den Wochen zuvor. Sie funktionierten gänzlich ohne Aufwärmphase, wie zu dick gewordenes Chili, das man nur mit viel Geduld und eventuell ein wenig Verdünner wieder auf Esstemperatur bringen konnte. Sie waren eher wie Wasser in einem Schnellkochtopf, das innerhalb weniger Sekunden so weit war. *So weit* im Sinne von: den nächsten Schritt gehen. Dabei war unklar, was der nächste Schritt sein konnte. Sie hatte das Gefühl, schon fast alles von ihm zu wissen. Und er wusste alles von ihr. Außer einer Sache oder vielleicht zwei, von denen sie nicht wollte, dass sie zur Sprache kamen. Zumindest noch nicht.

»Ich glaube, ich habe mich noch nie so schnell verliebt«, sagte er. Darauf hätte man noch gar nichts antworten brauchen. Schließlich war das nur eine einfache Feststellung. Aber eine Feststellung, die gleichzeitig eine Frage implizierte. Nämlich die nach dem eigenen Verliebtheitsstatus. Sie hätte auch gern gesagt, dass sie noch nie so schnell verliebt gewesen war. Aber dann hätte sie jemanden außer Acht gelassen, der viele Jahre den Mittelpunkt ihres Liebens und Denkens ausgemacht hatte. Sogar während ihrer Ehe.

Eigentlich wollte sie nicht an Phillip denken. Sie war froh, dass er gerade nicht in ihrem inneren Fokus stand. Aber weil sie ein aufrichtiger Mensch war und Liebe – vor allem, wenn sie ganz frisch war – auch immer Aufrichtigkeit verlangte, musste sie Samuel von ihm erzählen.

»Also eigentlich war ich tatsächlich schon einmal sehr unkontrolliert und schnell verliebt. Und es hielt ziemlich lange an.«

Samuel blieb an einer roten Ampel stehen. »Natürlich warst du das. Ich nehme an, sonst hättest du nicht geheiratet.«

Das war nicht ganz richtig. Und auch jetzt hätte sie seine Annahme einfach so im Raum stehen lassen können. Ihm nicht sagen, dass sie zwar verheiratet gewesen war, gedanklich und emotional aber all die Jahre eine Barriere im Kopf gehabt hatte. Eine Reservierung. Wie ein Ausweg ins vollkommene Glück. Das erschien ihr jedoch nicht richtig.

»Also eigentlich«, begann sie und biss sich auf die Unterlippe. »Meinen Ehemann habe ich zwar auch geliebt. Aber nie so tief wie Phillip.«

»Aha«, setzte er an und sah kurz zu ihr. »Und für diesen Phillip hast du deinen Mann sitzen lassen?«

»Nein, den habe ich schon vor Martin geliebt«, sagte sie und strich über ihre Jeans. Sie fühlte schon wieder eine latente Schuld, obwohl sie objektiv wusste, dass sie nichts falsch gemacht hatte.

»Das heißt, du warst vor der Hochzeit mit ihm zusammen?«

»Nein, wir waren nie zusammen. Zumindest nicht richtig.«

»Warum nicht?«

»Erst war ich in einer Beziehung, dann er. Dann ich wieder. Es hat einfach nie gepasst.«

»Vielleicht wollte das Schicksal nicht, dass ihr zusammenkommt.«

Darüber hatte Kathrin auch schon nachgedacht. Und wenn es so wäre? Könnte sie sich dann jetzt einfach ins Glück stürzen? Oder würde sie gedanklich oder emotional zwangsläufig doch nur wieder bei Phillip landen? Wenn die ersten Hochgefühle mit Samuel vorbei wären. Wenn der erste Zauber verflogen war. Sie dachte daran, was Alex gesagt hatte. Dass es den, den Kathrin wollte, gar nicht gab.

Sie verdrängte den Gedanken. Es war viel wichtiger, das *Jetzt* zu genießen und die Gedanken um Phillip beiseitezuschieben.

Ihr Smartphone vibrierte. Nachricht von Alex: »Du kannst nicht in meine Stadt kommen, ohne dich mit mir zu treffen.« Kathrin ließ die Nachricht unbeantwortet und steckte das Smartphone zurück in ihre Tasche. Den Gedanken an Alex wollte sie für die nächsten Tage auch beiseiteschieben.

»Indisch oder italienisch?«

Kathrin rieb sich über den Bauch. »O Gott. Bitte sag mir, dass du über Essen redest.« Eigentlich waren sie erst vor einer halben Stunde angekommen. Sie hätten gut und gern noch ein paar Minuten am Medienhafen entlangflanieren können. Alles dort sah nach Aufbruch aus. Die Boote wurden für die bevorstehenden Osterfeiertage aus ihren Löchern geholt. Die Bootsbesitzer putzten vorfreudig die Decks. Sogar die Enten und Blässhühner schienen den Frühling mit ihrem ausladenden Flügelschlag willkommen zu heißen.

»Es gibt auch einen ›Hans im Glück‹. Aber mir ist heute nicht nach Burger«, sagte Samuel.

»Eindeutig indisch.« Im Grunde genommen aß Kathrin fast alles. Aber das indische Restaurant lag praktisch direkt zu ihren Füßen. Die bunten Sitzkissen auf den stilvollen, dunklen Möbeln sahen einladend aus. Größter Pluspunkt dieses Restaurants war jedoch der Geruch. Eine betörende Gewürzmischung aus Koriander, Kurkuma und Knoblauch stieg in ihre Nase und erstickten sämtliche Pizza-Träume im Keim. Sie setzten sich direkt an die gläserne Fensterscheibe mit Blick über den Hafen.

Vor einer Minute hatten sie eine große Gemüseplatte, mehrere Brote und Chutneys bestellt, als Samuel die Nase rümpfte.

»Was ist los?«, fragte Kathrin.

»Ich hasse diese Stäbchen.« Samuel meinte damit die Duftstäbe, deren Rauch in ihre Richtung wehte.

»Warum hast du das nicht gesagt? Wir hätten woanders hingehen können.«

»Nein, ich liebe indisches Essen. Ich fänd's nur viel schöner ohne dieses ganze Patschuli.«

Kathrin lachte. »Alles Gute ist nie beisammen. Für mich riecht's ein bisschen nach Urlaub.«

»Ich dachte, du warst nie in Indien.«

»Das nicht. Aber so stelle ich es mir vor.«

»Steht Indien auf deiner Wunschliste?« Samuel riss ein Stück vom Chapati ab, einem Fladenbrot, das der Kellner gerade zusammen mit einem Joghurt-Minze-Chutney gebracht hatte. Der Dip roch genauso frisch, wie die frühlingshafte Umgebung aussah. Aber Samuel hatte recht. Der süßlich-schwere Geruch der Duftstäbchen durchbrach die Frühlingsgefühle. Kathrin störte sich trotzdem nicht daran. Es gehörte hierher wie die Segelyachten, Sportboote und Katamarane in den Hafen.

»Fürs Erste nicht. Ich habe immer Probleme damit, in einem Land zu entspannen, wenn ich weiß, wie mit deren Bewohnern umgegangen wird.«

»Geht mir ähnlich. Wenn ich Urlaub habe, sollte die Umgebung möglichst perfekt sein.«

Diesen Anspruch hatte Kathrin eigentlich nicht. Sie mochte die Dinge auch dann, wenn sie nicht perfekt waren. Ihr Blick fiel auf den ›Neuen Zollhof‹ auf der gegenüberliegende Flussseite, der bewusst schief gestaltet wurde. Wohl, um Aufmerksamkeit zu erzeugen. »Für mich muss es nicht perfekt sein. Es gibt so Vieles, das erst mit seinen vermeintlichen Mängeln Aufmerksamkeit erregt.«

»Lass mich raten. Der schiefe Turm von Pisa.«

Kathrin lachte. »Der gehört definitiv dazu.«

»Und was gehört noch dazu?«

Kathrin wollte gerade Luft holen, als ihr klarwurde, dass ihr das Beispiele fehlte. Fast ein wenig gönnerhaft hatte sie den Mängelwunsch in den Raum geworfen, wohl um gut dazustehen. Und nun hatte sie nicht mal ein Beispiel an der Hand. Sie kratzte sich ein wenig verlegen an der Nase, als der Groschen fiel. Natürlich. Nase.

»Hast du dich mal gefragt, wie berühmt Barbara Streisand geworden wäre, wenn es ihr Nasenmonument nicht gäbe?«

Samuel, der gerade noch kaute, hielt inne und starrte sie an. Hoffentlich überlegte er gerade nicht, sie hier einfach sitzen zu lassen.

»Hat die Streisand denn *durch* ihre Nase für Aufsehen gesorgt?«, fragte er ehrlich interessiert.

»Na ja, es ist doch auf jeden Fall so, dass die Nase enormen Wiederkennungswert hat. Und niemand, der von ihr geredet hat, musste jemals sagen: ›*Na, die Frau mit der schönen Stimme*‹, von denen es im Land der großen Möglichkeiten ja zuhauf gibt«, fügte Kathrin hinzu. »Nein. Sie konnten sagen: ›*Na, die Frau mit der schönen Stimme und der großen Naaase*‹.«

Samuel schluckte den Bissen herunter. Sein Blick hatte sich von skeptisch zu belustigt gewandelt.

Kathrin zog die Schultern nach oben. »Jackpot.«

Jetzt lachte Samuel. Und Kathrin war ein wenig erleichtert, dass er nicht getürmt war. Insgeheim ahnte sie jedoch, dass er nicht zu jenen gehörte, die andere absichtlich falsch verstanden, um mit ihnen in den Ring zu steigen. Jene Art Streitsucht war gegen seine Natur. Kathrin beruhigte das ein wenig. Bei Martin hatte sie hin und wieder absichtlich Streit provoziert. Manchmal nur, um sich innerlich lebendig zu fühlen. Oder auch, um überhaupt mal wieder über etwas zu reden.

Mit Samuel hatte sie das Gefühl, ewig reden zu können. Es war das erste Mal seit Langem, dass sie sich gleichberechtigt fühlte.

Nach dem Essen steuerten sie den Rheinturm an, der nach Meinung der Reiseführer zum erstrebenswertesten Ziel in Düsseldorf gehörte. Kathrin hätte es weder bestätigen noch dementieren können. Ausschlaggebend für sie war der gemeinsame Besuch mit Samuel. Mit ihm an ihrer Seite war es nicht einfach nur eine Sightseeingtour, sondern ein Sammeln von Erinnerungen. Sie hatte bereits das vage Gefühl, dass sie wieder dorthin zurückkehren würde. Und dass sie an seiner Seite wäre.

Er hielt ihre Hand so fest umfasst, als wüsste auch er, dass sie zusammengehörten. So sicher, wie der ›Neue Zollhof‹ zum Rhein gehörte. Und so sicher, wie nur Pisa diesen schiefen

Turm sein Aushängeschild nennen durfte. Obwohl es auch andere Städte mit schiefen Türmen gab. Nicht nur gedanklich hatte sie gerade einen Turm angesteuert. Auch physisch waren sie nun an dem Turm angelangt, von dessen Aussichtsplattform aus man bis zum Kölner Dom sehen konnte. Natürlich nur bei klarer Sicht. Aber das Wetter heute war so klar wie ihre Beziehung zueinander. Oder doch nicht?

»Das zwischen uns ist klar, oder?«, fragte sie, nur, um ganz sicher zu gehen.

Er zog beide Brauen nach oben, als würde er fragen wollen, worauf sie eigentlich hinauswollte. »Ich hab' dich doch schon vor zwei Wochen als Mutter meiner zukünftigen Kinder vorgestellt.« Er ging voran und holte Tickets. Sie blieb hinter ihm und sah auf das Plakat, das am Eingang prangte. ›Wein am Rhein‹. Kathrin las die Aufschrift und nahm es doch nicht wahr. Die Buchstaben verschwammen vor ihren Augen, bis sie zu einer wattigen Wolke verwoben waren.

Die Mutter meiner Kinder.

Darüber würde sie mit ihm noch reden müssen. Vielleicht war dieser Wunsch oder Gedanke der Stiefel, der ihr zartes, hoffnungsvolles Pflänzchen jetzt noch zertreten konnte. Spätestens heute Abend würde sie ihm sagen, dass sie nie die Mutter seine Kinder werden würde. Sie hatte nicht vor, jemals welche zu bekommen.

Kapitel 29

Düsseldorf, 6. April 2019, Abend

Eine Flasche »Cabernet Sauvignon« aus Südafrika, dazu Käsestangen und ein Ausblick, den sie gern hätte einfrieren wollen. Die Sonne war zur Hälfte hinter einem Hochhauskomplex verschwunden. Das Orange strahlte dennoch aus. Auf die glasigen Wände des Quaders, auf die wenigen, sich auflösenden Wolken und sogar auf die glattpoliert wirkende Wasseroberfläche des Rheins. Es wirkte geradezu surreal. Eigentlich hatten sie vorgehabt, an einer Bar am Rheinufer Cocktails zu trinken. Nur schnell einchecken und die Koffer ins Zimmer bringen, damit sie sich in der Nacht nicht damit herumschlagen mussten. Sie hatten das Hotelzimmer kaum betreten, als ihre Küsse und Hände sich verselbstständigt hatten. Fast zwei Stunden hatten sie schwitzend im Bett verbracht. Seelen und Körper verschlungen. Dann kam der Hunger. Zum Glück gab es einen Zimmerservice.

Nun saßen sie auf dem Balkon. Von Glück und Liebe überschwemmt. Kathrin hatte Skrupel, die Stimmung durch die blanke Wirklichkeit zu durchkreuzen. Aber ihre Offenheit war von Anbeginn ihres Kennenlernens so fundamental gewesen, dass es ihr unaufrichtig schien, ihm etwas vorzuenthalten.

»Apropos Kinder«, begann sie und sah auf den Fingerabdruck ihres Weinglases. Das Glas hielt sie in der linken Hand, in der rechten Hand lag seine. Sie hatten die Korbstühle genau aus diesem Grund dicht aneinandergeschoben. »Ich will eigentlich keine.«

»Warum nicht?«, fragte er. Sie spürte seinen Blick, wagte aber nicht, ihn zu erwidern. »Es passt nicht zu mir.«

»Woher willst du das wissen?«

»Ist ein Gefühl.«

Er sah sie immer noch an, sodass sie entschied, auch ihn anzusehen. Er rätselte. Dafür musste er weit blicken – erst hinter ihre Augäpfel, bis hin zum Gehirn, und wenn die Antwort dort nicht stand, dann musste er zur Seele.

Ihr Smartphone vibrierte. Kathrin warf einen kurzen Blick auf den kleinen Tisch, auf dem es lag. Es war erneut eine Nachricht von Alex: »Hallöchen. Also?«

Kathrin ignorierte es. Der Bildschirm wurde wieder schwarz.

»Versteh' mich nicht falsch«, begann er. »Das zwischen uns ist nicht an Bedingungen geknüpft. Weder an Kinder noch an einen Trauschein.« Er strich mit dem Daumen über ihren Zeigefinger.

Keine Bedingungen. Er dürfte gern genau jetzt enden.

»Trotzdem frage ich mich, was dein Gefühl hinter deinem Gefühl ist.«

Sie schluckte. Dann sah sie wieder auf den Fingerabdruck auf dem Glas. Es war nun schon so lange her. Über ihre Gefühle damals hatte sie nicht mal mit Phillip geredet. Aber mit Samuel, das wusste sie instinktiv, konnte sie über alles reden. Selbst über die schmerzlichen Dinge.

»Ich war achtzehn, als ich mit einem Freund geschlafen habe, der nicht mein Freund war.«

»Das war dann wohl der eine, in den du mal unsterblich verliebt gewesen bist.«

Sie nickte. »Phillip. Es war unser erstes Mal miteinander, bei einer heimlichen Geburtstagsfeier meiner Freundin. Und dann, ganz klassisch, ist das Kondom gerissen.«

»Und du bist schwanger geworden.«

Kathrin schüttelte den Kopf. »Nein, schwanger war ich nicht. Aber natürlich hatten wir Angst davor, dass es dazu kommen könnte. Wir standen beide kurz vor dem Abitur. Außerdem war ich ja eigentlich in einer Beziehung.«

»Entschuldige, dass ich dich unterbreche. Wenn du den Jungen so geliebt hast, warum hast du dich dann nicht von deinem Freund getrennt?«

»Meine Eltern haben mich damals unter Druck gesetzt, weil sie meinen damaligen Freund so sehr ins Herz geschlossen hatten. Sie dachten wohl, ich könnte das auch wieder irgendwie, wenn ich es nur genug probiere.«

»Oh.«

»Sie dachten, sie würden mir damit etwas Gutes tun.« Kathrin sah ihn wieder direkt an. »Wir hatten wirklich eine gute Beziehung zueinander, meine Eltern und ich.«

Er zwinkerte verstehend. »Du wolltest dich aber nicht von deinem Phillip trennen lassen und hast ihn heimlich getroffen.«

Kathrin atmete schwer durch. »Ja. Wir konnten einfach nicht die Finger voneinander lassen. Es war völlig verrückt.«

»Aber schwanger wolltest du natürlich trotzdem nicht werden.«

»Nein. Weder von ihm noch von meinem damaligen Freund. Also bin ich zum Arzt gegangen.«

Kathrin erinnerte sich an die Scham, als sie vor ihm im Behandlungsraum saß.

Er hatte keine Fragen gestellt. Keine Vorwürfe gemacht.

So etwas kann vorkommen, hatte der Doktor gesagt und ihr ein Rezept ausgestellt. Danach war sie ebenso beschämt in die Apotheke gegangen, darum bemüht, aufrecht zu gehen. Innerlich jedoch hatte sie sich schon eingerollt, weil sie niemandem mehr begegnen wollte. Keine Kontakte. Keine Konversation. Keine Umarmungen. Ihren Eltern zu Hause hatte sie gesagt, dass es ihr nicht gut ging. Wahrscheinlich Magen-Darm. Ihre Mutter hatte gleich im Brotfach kontrolliert, ob noch Zwieback da war. War er nicht. Also war sie losgefahren, denn die Milch war ja auch alle. Schließlich saß Kathrin auf der Kante ihres Futon-Bettes mit dem Tabletten-Blister in ihrer Hand. Ihre Hände zitterten. Nie zuvor hatte ihr Herz so aufgeregt geschlagen und gleichzeitig so stark geschmerzt wie in diesem Moment. Kathrin beschloss, kurzen Prozess zu machen, drückte die Pille aus dem Blister und steckte sie in ihren Mund. Fertig. Erst dann wurde ihr klar, dass sie kein Wasser dahatte. Sie versuchte, die Pille ohne Wasser hinunterzuschlucken. Es war eher ein Würgen. Wahrscheinlich, weil ihr kompletter Modus auf ›Losheulen‹ programmiert war. Alle körperlichen Anzeichen waren schon da. Glasige Augen, kribbelnde Nase, geschwollener Hals. Trotz alledem konnte sie nicht weinen. Stattdessen bemühte sie sich, mit Kraft ihrer Gedanken die Pille halsabwärts rutschen zu lassen. Wider aller Logik strich sie mit ihrer Hand ihren Hals hoch und runter, als könnte diese Bewegung die Pille zum Hinabgleiten animieren. Tat sie nicht. Sie blieb an Ort und Stelle.

Es klopfte sachte an der Tür. Ihr Vater steckte den Kopf herein: »Tee?« Die Tränen stiegen in Gänze auf. Kathrin hielt sich die Hand vor ihren Mund und schluchzte. Sie eilte zu ihm hinüber. »Danke, Papa«, sagte sie und umarmte ihn. Der erwiderte ihre Umarmung mit der freien Hand, strich ihr sanft über den Rücken und sagte: »Na na na. Magen-Darm ist in zwei bis drei Tagen wieder Geschichte. Der Tee wird dir helfen. Und Mama bringt ja gleich den Zwieback.«

Kathrin lachte traurig und nickte. Vorsichtig nahm sie ihm den Tee aus der Hand und stellte ihn auf ihrem Nachttischschrank ab. Der warme Teedampf tat gut. Sie strich wieder über ihren Hals und stutzte. Die Pille hatte die enge Schleuse verlassen und war nun auf ihrem Weg in ihr Blut. Sie sah hinunter auf ihren Bauch und fragte sich, ob sie gerade dabei war, Leben zu verhindern. Dieser Gedanke ließ die Enge in ihrer Kehle zurückkehren. Also zog sie die Decke über den Kopf, rollte sich ein und weinte. Sie weinte, bis es erneut klopfte.

Diesmal energischer. Unverkennbar das Klopfen ihrer Mutter. Kathrin zog die Decke vom Kopf und sah zur Tür. Ihre Mutter kam mit einer kleinen Schüssel in der Hand herein. »Kathrin, Schatz. Du bist ja ganz blass. Guck mal hier. Ich hab' dir Zwieback besorgt.« Sie strich ihr mit dem Daumen über die blutunterlaufenen Lider. Ihr Blick verriet Kathrin, dass sie nicht an eine typische Magen-Darm-Grippe glaubte. Aber sie fragte trotzdem nicht nach. Dafür war Kathrin dankbar.

»Soll ich dir eine Hühnerbrühe machen?«

Kathrin schüttelte den Kopf. »Ich hab ja jetzt Zwieback.«

»Ja«, erwiderte ihre Mama und strich die durcheinandergewirbelten Haarsträhnen ihrer Tochter glatt. »Aber wenn du noch etwas brauchst, sagst du es, ja?«

»Mach ich, Mama. Danke.« Kathrin nahm sich ihr Buch vom Nachttischschrank und ließ sich in ihre Kissen sinken. Ihre Mama gab ihr einen Kuss auf die Stirn und verließ das Zimmer.

In den Folgetagen hatte Kathrin immer wieder zu lesen versucht. Aber die Buchstaben waren ziellos hin und her gewichen wie in einem großen Irrgarten. Die Übelkeit war mal stärker, dann wieder weniger geworden. Ihre Stimmung hatte höchste Glücksmomente erreicht und war Sekunden später in ein tiefes Tränental gesackt. Derartige Gefühlsschwankungen waren ihr bis dahin völlig fremd gewesen. Zeitweise hatte sie sich wie jemand gefühlt, der nicht in diesen Körper gehörte, und sich gefragt, ob es sich so anfühlte, wenn man schwanger war.

Kathrin nahm einen Schluck von ihrem Wein. »Inzwischen weiß ich natürlich, dass ich keine Schwangerschaft beendet, sondern verhindert habe. Da *war* nie Leben in mir. Mein Verstand weiß das. Rational gesehen, habe ich eine absolut vernünftige Entscheidung getroffen, die ich auch bis heute nicht infrage stelle. Aber emotional gesehen, ist das Teenager-Ich bestimmend, das das alles früher trotzdem als eine Art Abtreibung empfindet. Wir haben uns in den Jahren danach immer wieder gefragt, wie alt unser Kind jetzt wäre.« Kathrin schüttelte mit dem Kopf. »Tief in mir drinnen hat sich seitdem das Gefühl festgesetzt, dass ich kein Recht mehr auf ein Baby habe. Ich hab' eine Chance bewusst nicht wahrgenommen, sogar aktiv verhindert. Fertig. Es fühlt sich falsch an, es erneut zu versuchen.« Kathrin sah ihm in die Augen. »Ich kann keine Kinder haben.«

Er drückte ihre Hand. »Man merkt dir auch heute noch an, wie schlimm es für dich gewesen sein muss.«

Kapitel 30

Düsseldorf, 7.April 2019

Ein Sonnenstrahl hatte sich einen Weg durch die schweren Vorhänge gebahnt und Kathrins Nasenspitze anvisiert. Sie kniff ein Auge zusammen und drehte sich zur Seite. Sie stützte ihren Kopf auf ihrer Hand ab und beobachtete den schlafenden Samuel, dem die Strahlen nichts auszumachen schienen.

»Das zwischen uns ist einzigartig«, hatte er gesagt und sie hatte es gefühlt. Wenn sie ihn ansah, spürte sie das gleiche Glück wie damals mit Phillip. Und wenn es sie doch gab, die Seelenverwandten? Wenn es nur ganz wenige Menschen gab, die wirklich zu einem passten? Hatte Kathrin wirklich das große Glück, zwei dieser Seelenverwandten zu begegnen? Sie wusste nicht, ob es so war. Aber sie war sich sicher, dass sie diese Liebe festhalten musste. Also tat sie es. Sie rutsche näher an ihn ran, bettete ihren Kopf auf seine Schulter und umarmte ihn. Samuel erwiderte reflexartig die Umarmung, hielt auch sie fest und atmete tief durch.

»Guten Morgen«, brummte er. »Ich hoffe, du hast gut geschlafen.«

»Das Bett ist mittelmäßig, aber neben dir aufzuwachen, katapultiert das Schlaferlebnis in die Top Ten.«

Er lachte schlaftrunken.

»Was machen wir heute?«, fragte sie.

»Ich bin für hierbleiben.«

»Den ganzen Tag?«

Er drückte sie noch fester.

Sie lachte. »Das geht nicht. Ich brauche einen Strohhut.«

Er lockerte seinen Griff und sah sie an. »Wozu?«

»Stell dir vor, es hätte diesen Strohhut an jenem schicksalsträchtigen Tag nicht gegeben. Hätten wir uns dann jemals kennengelernt?«

»Aber ja. Du hättest mich dann eben nach einer Kippe gefragt.«

Kathrin stutzte. »Wie das? Keiner von uns raucht.«

»Dir wäre schon etwas eingefallen. Man hat immer eine Idee, um ins Gespräch zu kommen. Du hattest mich eben angequatscht, um nach dem Hut zu fragen.«

Kathrin rollte sich aus dem Bett und zog den Vorhang zur Seite. Sofort stürzte eine Flut aus Sonnenstrahlen in den kleinen Raum. »Da irrst du dich aber gewaltig. Ich habe dich nur angesprochen, weil Alex den Hut wollte. Hätte sie den Cowboyhut einer Fußballmannschaft toll gefunden, wäre ich dort hingegangen.«

Samuel stützte sich auf seine Ellenbogen ab. »Es war wirklich der Hut?«

»Jaha«, sagte Kathrin, schnappte sich ihr Zeug und wollte gerade ins Bad gehen, als das Telefon klingelte.

Für ein paar endlos wirkende Sekunden starrten beide auf das invasive Störgerät.

»Wer ruft hier denn so früh an?« Eigentlich war es neun, es war trotzdem merkwürdig. Sie war nie zuvor in einem Hotelzimmer angerufen worden.

Kathrin ging auf das Telefon zu und nahm ab. »Hallo?«

»Ja, guten Morgen, hier ist Madison von der Rezeption. Entschuldigen Sie, dass ich so früh störe. Hier rief gerade eine gewisse Alex Lindemann an, die wissen wollte, ob Sie lebend eingecheckt haben.«

Kathrin lachte. »Was?« Vielleicht hätte Kathrin ihr doch antworten sollen.

»Sowohl Frau Lindemann als auch wir von der Rezeption hoffen, dass Sie weder an einen Mörder noch an einen Vergewaltiger geraten sind.«

Das Frühstück fiel länger als geplant aus. Eigentlich hatten sie nur einen Kaffee-To-Go und ein Croissant holen wollen. Aber dann waren sie rein zufällig in einem kleinen, französischen Café gelandet, in dem auch Frühstück angeboten wurde. Kathrin war angetan gewesen von der türkisfarbenen Samtcouch, auf welcher rosa und gelb geblümte Kissen lagen. Die Couch war mit Blick auf einen ruhigen Platz ausgerichtet, zu dem eine mittelgroße Backsteinkirche und ein paar weitere Lokale gehörte, die augenscheinlich noch nicht geöffnet hatten. Ein paar Tauben tummelten sich unter einer großen Linde. Davor stand eine Bank. Offenbar war das eine Art Futterplatz. Vielleicht hatte gerade noch eine ältere Dame dort gesessen und Brotkrümel verstreut. Jetzt war die Bank leer. Ein paar Leute gingen immer mal wieder an ihr vorbei, wahrscheinlich auf ihrem Weg zur Arbeit. Ein Anzugträger mit Aktentasche, ein junger Mann mit Zopf und Brille und beigefarbener Jacke, der sogar noch Student sein konnte. Dann eine Frau in Sportkleidung, die vorbeijoggte und den Taubenschwarm aufwirbelte. Niemand wollte die Bank nutzen. Vielleicht lag es daran, dass jetzt zu dieser Uhrzeit – es war gerade halb elf – kaum Sonne auf den Platz schien. Die wenigen Sonnenstrahlen, die ihren Weg nach unten fanden, trafen eine quadratmetergroße, gepflasterte Fläche. Wo Sonne war, war Leben. Im Laufe des Tages würde die sonnige Fläche größer werden und auch die Bank aus dem Schatten holen. Manchmal musste man nichts tun. Nur warten und die Zeit wirken lassen. Auch Samuel hatte sie nie aktiv gesucht, die Zeit hatte ihn ihr geschenkt.

»Ich weigere mich, an Zufall zu glauben.«

»Was meinst du?«, fragte Kathrin, ohne ihren Blick von dem vor ihr liegenden Platz abzuwenden.

»Dass wir nur zueinander gefunden haben, weil es Zufall war. Wegen ‘nem Strohhut.«

Jetzt löste sie ihren Blick von dem Platz und sah in seine Augen. Er wirkte enttäuscht. Als wäre aus einer erträumten Fantasy-Romance-Geschichte ein Sachbuch geworden.

»Nein, Zufall war das nicht. Es war Schicksal.« Sie grinste. Ausnahmsweise war das Schicksal mal auf ihrer Seite. Der Blick in seinen Augen wandelte sich. Das Sachbuch war wieder eine Fantasy-Romanze geworden.

»Dafür, dass du nur ein Croissant wolltest, sieht dein Frühstück nun aber erstaunlich herzhaft aus.«

Kathrin zwinkerte ihm zu. Der Dampf des heißen Omeletts stieg in ihre Nase. Zusätzlich hatte sie auch noch die ›Petit-déjeuner‹-Platte bestellt, mit Waffeln, krossem Speck und frischen Gurkenscheiben. Dazu gab es Naturjoghurt mit Früchten. Sonst sah ihr Frühstück nicht so üppig aus. Weil es inzwischen aber fast elf war, hing ihr Magen durch. Immer, wenn das so war, brauchte sie mehr als ein gewöhnliches Essen. Sie musste die Ruhe in ihrem Inneren wiederherstellen. Außerdem konnte sie, weil es fast Mittag war, im Grunde genommen zwei Mahlzeiten zusammenfassen.

Bei Samuel sah es ähnlich aus. Statt Waffeln hatte er die Wurstplatte bestellt, die im Wesentlichen aus einer Variation vieler unterschiedlicher Salamischeiben bestand.

»Magst du auch?« Samuel spießte eine Wurstscheibe auf die Gabel und hielt sie ihr hin. Kathrin zögerte keine Sekunde und aß die Scheibe von der Gabel.

»Hmmm«, machte sie. »Schon lecker.«

Sie nahm einen Schluck von ihrem Latte Macchiato und beobachtete Samuel über den Glasrand hinweg. Er musste es bemerkt haben. »Was ist?«

»Verrat mir deinen Makel.«

»Was für einen Makel?«

»Ganz egal, welchen. Irgendeinen. Du kannst unmöglich so perfekt sein. Sag mir deinen Fehler.«

»Ähm.«

»Wie viele Frauen hast du betrogen?«

Er zog die Augenbrauchen hoch. »Ist so etwas erstrebenswert?«

»Natürlich nicht. Deswegen will ich es ja wissen. Auch du musst einen Makel haben.«

»Ich habe nie eine Frau betrogen. Ich trenne mich von einer Frau, wenn ich sie nicht mehr anziehend finden sollte. Es gibt für mich keinen Grund, jemanden zu betrügen. Für mich klingt das surreal. So als würde man einen Schritt überspringen. Sich erst jemand anderen suchen, um sich im Anschluss vom ›Alten‹ zu trennen. Es ergibt keinen Sinn für mich.«

»Viele wollen sich aber gar nicht von ihrem Partner trennen. Sie wollen einfach nur … ein Abenteuer.«

»Wenn man ein Abenteuer will, sollte man eine Survival-Tour machen. Seinen Partner zu hintergehen, ist für mich keine Option.«

»Das heißt, wenn du deine Partnerin nicht mehr anziehend findest, würdest du dich eher trennen, als dich alternativ zu vergnügen.«

»So kann man das auch nicht sagen. Ich denke, wenn man seinen Partner nicht mehr anziehend findet, muss irgendetwas im Argen liegen. Das gilt es herauszufinden. Ich glaube daran, Lösungen zu finden, als auf Alternativsuche zu gehen.«

»Ich würde auch gern daran glauben.« Kathrin sah auf den weißen Schaum in ihrer Tasse, der an einigen Stellen schon bräunlich verfärbt war. Braun und löchrig. Wie Schmelzwasser, das von der Dachrinne in Schnee getropft war.

»Du warst damals noch ein Kind. Ich glaube, dass du heute reflektierter wärst.« Samuel legte seine Hand auf ihre.

»Kann sein.« Sie schüttelte den Kopf. »Ich will daran glauben, dass ich Martin nie betrogen hätte.«

»Hast du doch nie.«

»Weil ich keine Gelegenheit dazu hatte.«

»Quäl' dich nicht mit Dingen, die nie passiert sind. Lebe im Jetzt.«

Es war derart schön an diesem Ort, dass sie das Lokal erst um zwölf verließen.

»Jetzt ein Mittagessen?«, fragte Samuel.

Kathrin lachte. »Ich esse heute nichts mehr.«

»Das geht nicht. Ich möchte dir unbedingt noch meinen Lieblingsitaliener zeigen.«

Kathrin rieb schwer atmend über ihren Bauch. »Bis heute Abend ist wieder Platz. Aber jetzt will ich meinen Strohhut.« Und sie fanden einen. Natürlich nicht in der Königsallee, oder der Kö, wie sie von den Einwohnern genannt wurde, sondern in einem kleinen Geschäft unweit des Bahnhofs. In der Königsallee selbst gab es luxuriöse Boutiquen, die für Kathrins Geschmack zu kostspielig waren. Aber sie war schön zum Schlendern.

Ungewöhnlich für diese Gegend war, dass eine ältere Frau mit einem vollgepackten Einkaufsbeutel vor ihrem Fahrrad stand. Nicht die Tatsache selbst, sondern weil das Fahrrad alt war. Die Kleidung der Frau einfach. Um ihren Hals hatte sie sich ein geblümtes Tuch gewickelt. Der Trenchcoat reichte bis zu den Knien. Sie wirkte, als hätte sie die Sachen schon in den Siebzigern besessen. Wenn es so war, wären sie erstaunlich gut erhalten geblieben.

Samuel blieb vor ihr stehen. »Kann ich Ihnen helfen?«

Die alte Frau sah Samuel erstaunt an. Sie musste ihren Hals weit recken, weil Samuel sie um fast zwei Köpfe überragte. Erst sagte sie nichts. Dann sah sie zu Kathrin und entschied wohl, dass ein Mann mit ihr an seiner Seite gute Absichten haben musste.

»Ja, also das wäre wirklich liebenswürdig.«

Kathrin pflichtete der Frau im Stillen bei. Samuel steckte voller Überraschungen.

Er nahm die schwere Tasche und hob sie in den Fahrradkorb. Dann schob er das Fahrrad vorsichtig aus dem Ständer und positionierte es so, dass die Frau aufsteigen konnte.

»Wirklich sehr zuvorkommend. Vielen Dank. So etwas erlebt man heute nur noch selten«, sagte sie, bevor sie losfuhr.

Noch ein Punkt, in dem Kathrin mit ihr übereinstimmte.

»Das letzte Mal, als einer mir geholfen hat, wollte er danach ‘ne Mark von mir.« Sie hob ein Bein über die flache Stange und stand nun breitbeinig über dem Rad. Sie stutzte. »Woll‘n Sie ‘ne Mark?«

Samuel lachte. »Nein, das Danke reicht.«

Dann nickte sie. »Also dann. Vielen Dank noch einmal.« Sie stellte den rechten Fuß auf die Pedale und fuhr davon.

»So einer bist du also.«

»Was für einer?«, fragte er.

»Jemand, der alten Damen in den Sattel hilft.«

Samuel zog die Schulter nach oben. »Ich bin so erzogen worden. Bei uns zu Hause ist das völlig normal.« Er nahm ihre Hand. »Ich helfe übrigens auch älteren Herren.«

»Da habe ich keine Zweifel.« Sie schmiegte sich an seinen Arm. Höfliches Verhalten anderen gegenüber – vor allem älteren – imponierte ihr. Er war nicht einfach nur auf dem ersten Blick ein guter Mensch. Er war es auch auf den zweiten und auch auf den dritten.

»Am liebsten würde ich mit dir direkt die Osterfeiertage verbringen. Klingt das aufdringlich?« Kathrin biss die Zähne aufeinander. So schnell hatte sie noch niemanden ihrer Familie vorgestellt. Sie wollte keine kleinen, langsameren Schritte gehen. Sie wollte Tempo.

»Ganz im Gegenteil. Ich bin froh, dass du so offen bist. Auch ich würde unheimlich gern Ostern mit dir verbringen.«

»Das klingt, als käme gleich ein Aber.«

»Ich bin leider schon verabredet.«

»Klar, du verbringst Ostern wahrscheinlich auch bei deiner Familie.«

Er schüttelte mit dem Kopf. »Das nicht. Ich gehe mit meinem Freund wandern. Wir wollen zwei Tage unterwegs sein und nachts unter freiem Himmel schlafen.«

»Waas?«, rief Kathrin gedehnt. »Es ist nachts doch noch viel zu kalt.«

»Wir halten das aus«, sagte er zwinkernd.

»Warum tut man so etwas?«

»Wir haben im Mai einen Survival-Urlaub in Schweden geplant.«

Survival-Trip? Das war doch gerade erst Thema. »Moment. Hast du nicht gerade noch erwähnt, dass eine Survival-Tour das Richtige wäre, um einer langweiligen Beziehung zu entfliehen? Bitte sag mir, dass dein Freund derjenige ist, der die Abwechslung sucht.«

Samuel lachte. »Er ist Langzeit-Single.«

Kathrin sog die Wangen nach innen. »Ich glaub dir.«

»Danke«, antwortete er mit einem Hauch Ironie.

Ihre Gliedmaßen schüttelten sich bei dem Gedanken an die Kälte. »Warum wollen Männer so etwas? Wollt ihr euch etwas beweisen? Dass ihr auch als Höhlenmenschen überleben könntet?«

Wieder ein Lachen. »Nein. Ich schätze, wir finden es einfach schön, im Einklang mit der Natur zu sein. Gökotta genießen. Hast du davon schon mal gehört?«

Sie schüttelte mit dem Kopf.

»Das einzelne Wort beschreibt eine der schönsten Erfahrungen, die man in Schweden machen kann: Im Frühling steht man in der Früh auf, um dem Zwitschern des Kuckucks zuzuhören.«

»Ein Wort für all das?«

»Mehr braucht es nicht.«

»Die Schweden sind toll. Nicht nur sparsam beim Alkoholkonsum, sondern auch mit Worten.«

»Es gibt viele Gründe, dort hinzureisen.«

»Es muss schön sein, dieses Gökotta.« Zumindest klang es schön. Bei anderen. Für sich selbst konnte sie sich das nicht vorstellen.

»Tatsächlich? Vielleicht können wir ja mal gemeinsam ums Überleben in freier Natur kämpfen.«

Sie räusperte sich verhalten. »Ähm.«

Wieder ein Lachen. Sie liebte es. »Schon gut. Uns bleiben die Malediven.«

Kapitel 31

Düsseldorf, 8. April 2019

»Ich find's nicht okay, dass wir schon zurückmüssen.«
Sie saßen bereits im Auto und waren auf dem Rückweg. Samuel nahm ihre Hand. »Wir werden uns bald wiedersehen.« Kathrin biss auf ihre Wangeninnenseite. »Bitte gib mir ein Zeichen, wenn ich zu vorschnell bin, aber ich möchte dich gern etwas fragen.«

Samuel zog eine Augenbraue nach oben. »Ich nehme an, heiraten wollen wirst du vermutlich jetzt noch nicht. Ich glaube auch nicht, dass du spontan Lust darauf hast, meinen Freund und mich beim Wandern zu begleiten.«

»O Gott, nein.« Die Vorstellung rief eine erneute Gänsehaut hervor.

»Du solltest inzwischen wissen, dass wir – was das Tempo angeht – im Gleichklang sind.«

Kathrin fuhr sich durch ihr Haar. »Also schön. Hättest du Lust, kurz meine Familie kennenzulernen? Ich will dir unbedingt meine Schwester vorstellen.«

»Ist das so ein Testding? Sie checkt ab, ob ich okay bin und erst dann entscheidest du endgültig?«

Sie schmunzelte. »Nein, ich bin mir auch ohne Sarahs Votum sicher. Aber wir werden nun fast die kompletten Osterfeiertage miteinander verbringen und ich will ihr nicht immer nur *sagen* müssen, wie toll du bist. Sie soll dich selbst einmal gesehen haben, damit sie überzeugt davon ist, dass ich nicht spinne.«

»Jetzt fühle ich mich geschmeichelt.«

»Kannst du auch.« Kathrin kündigte ihrer Schwester per WhatsApp-Nachricht an, dass sie in Begleitung auftauchen würde. Nur für den Fall, dass sie noch aufräumen musste.

Als sie vor Sarahs Haus hielten, hatte Kathrin bereits den Eindruck, als würde ihre Familie durch die Gardine hinweg nach draußen linsen.

»Ich glaube, wir werden beobachtet«, sagte Samuel, dem die lebendige Gardine auch aufgefallen war.

Kathrin kicherte. »Sie sind einfach total neugierig. Aber keine Sorge. Sie sind unglaublich nett. Die meisten Menschen behaupten es nur, aber ich *weiß*, dass ich die tollste aller Familien habe.«

Sarahs Haus war freistehend und hatte einen hübschen, kleinen Garten vorangestellt. Anders als Kathrin kümmerte sie sich sogar um die Blumen, sodass ihr Vorgarten gepflegt aussah. Im alten Apfelbaum, der zur Erntezeit nur noch wenige Äpfel trug, tummelten sich zahlreiche Spatzen. Auch die Vögelchen schienen durchtränkt von Glück zu sein.

Noch ehe sie den kleinen Treppenabsatz erreicht hatten, öffnete sich die Tür.

»Na, ihr Urlauber!« Sarah grinste breit. Sie beachtete Kathrin kaum. Stattdessen starrte sie Samuel an. Nicht aufdringlich. Aber interessiert. Offenbar checke sie ihn wirklich gerade ab. Sie gab ihrer Schwester einen flüchtigen Kuss und streckte Samuel die Hand entgegen. »Du bist also Samuel. Schön, dich kennenzulernen.«

»Hi.« Er reichte ihr die Hand.

Kathrin begrüßte Sarahs Ehemann, der offensichtlich auch eher an Samuel interessiert war als an seiner Schwägerin.

Sie wechselten ein paar Smalltalk-Themen. Wie war die Fahrt? Was macht Düsseldorf? Gibt's den Pulli eigentlich auch in Grün?

Sarahs Mann hatte Samuel in ein Gespräch über Autos verwickelt. Über die Effizienz von Elektromotoren und die Notwendigkeit eines effektiven, ausgeweiteten Ladesystems.

Dann schlich Sarah sich von der Seite an, als würde sie mit ihr ein Geheimnis teilen wollen, das nur Eingeweihten zustand. »Ist der nicht viel zu nett für dich?«

Kathrin lachte. »Darüber habe ich auch schon nachgedacht.«

»Worüber hast du nachgedacht?«, fragte Sarahs Mann.

»Na ja, übers Essen«, antwortete Kathrin schnell. »Samuel ist wie ich ein Fan davon. Gestern waren wir bei einem Italiener. Den *müsst* ihr probieren.«

»Ach was?«, fragte Sarah.

»Pizza gibt's doch auch hier«, sagte ihr Mann.

»Da gibt's viel mehr als nur Pizza. Sie hatten dort die besten Spaghetti aglio e Phillipo, die ich je gegessen habe.«

»Aha«, machte ihre Schwester. Das rechte Auge zusammengekniffen. »Du hast also schon oft Spaghetti aglio e Phillipo gegessen?«

Kathrin stupste sie seitwärts an. »Nein, nie. Aber ich bin sicher, dass auch die anderen Nudeln dort molto bene sein werden.« Sie küsste sich auf Daumen und Zeigefinger.

Wie verabredet, musste Samuel bald weiterfahren und Kathrin verbrachte die Tage mit ihrer Familie. Gedanklich ließ er sie jedoch die ganze Zeit über nicht los. Bei jeder Mahlzeit dachte sie an ihn, bei jedem Buch, das sie las. Ja, sogar beim Staubsaugen träumte sie von ihrer gemeinsamen Zeit.

Ostersamstag hatte sich die komplette Familie bei Kathrin zu einem Osterbrunch versammelt. Es gab frische Brötchen, Baguettes, Käse natürlich, Wurst, aber in Maßen, selbstgemachtes Osterbrot, viel frisches Obst und vor allem bunte Eier, die ihre Mutter mitgebracht hatte.

»Mama, an den Eiern fehlen ja die Aufkleber«, sagte Sarah. Auf den gefärbten Eiern ihrer Mutter waren in den Jahren zuvor ausnahmslos Sticker gewesen. Von Osterhasen. Ostereiern. Ostersträußen. Hauptsache bunt.

»Ja, es gab diesmal keine mehr.«

»Keine Aufkleber?« Sarah schmollte. »Das erscheint mir nicht richtig.«

Als es klingelte, fragte ihre Mutter auf dem Weg zur Haustür: »Hast du noch jemanden eingeladen, der gerade nicht hier ist?«

»Ich würde mir Samuel herbeiwünschen«, sagte Kathrin. »Sonst eigentlich niemanden.« Kurze Zeit später kam ihre Mutter mit einem großen Blumenstrauß zurück ins Wohnzimmer, der ihren Kopf vollständig verdeckte. »Blumen für dich, Kathi«, sagte sie mit gedämpfter Stimme.

»Für mich?«, rief Kathrin freudig, sprang auf, um ihrer Mutter den Strauß abzunehmen.

»Hier ist eine Karte«, sagte sie und fischte sie aus dem bunten Bouquet.

»Gib mal her«, sagte Sarah und nahm ihr den Strauß ab, damit Kathrin die Karte lesen konnte.

»Ich hole eine Vase«, flötete ihre Mutter und schwebte nach draußen.

Kathrin hielt sich die Hand an die Brust und las laut vor: »Ich wünsche dir frohe Ostern! Ich würde jetzt gerne dein Gesicht sehen. Du fehlst mir … Samuel«

Sarah nickte. »Japp, eindeutig zu gut für dich.«

Kapitel 32

Bitburg, Mai 2019

Kathrin setzte sich mit ihrem Brief und einer zur Hälfte gefüllten Kaffeetasse unter ihren Kirschbaum im Garten. Es war jener Baum, den sie damals mit ihrem Papa gepflanzt und jedes Jahr im Sommer gemeinsam geerntet hatte. Gegessen hatten sie die Früchte nur, wenn ihre Mutter sie in einen Kuchen verrührte. Am allerliebsten Schokokuchen. Zu ihrer Sommerroutine zählte nicht nur Kirschen pflücken, sondern auch Planschen im Pool. Jedes Jahr im Juni hatten sie ihn aufgebaut und im September wieder in Einzelteilen im Schuppen verstaut.

Die Poolnachmittage waren die besten. Sie hatten Liegen aufgestellt, auf denen sie stundenlang lasen. Zwischendurch kühlten sie sich im frischen Wasser ab. Dann lagen sie wieder tief in Büchern versunken auf den Liegen. Zwischendurch rief Sarah immer mal wieder: *›Seht mal ein Reh‹* oder *›Ich glaube, die Wildschweine kommen‹*. Sie hatten einen ungetrübten Blick über die Felder bis hin zum Wald. Ein Wildschwein war nie da gewesen. Obgleich Sarah die Aufmerksamkeit sicher gewesen war.

Im Frühjahr leuchtete der Baum voller rosa Blüten. Kathrin legte ein Kissen an den Baumstamm, stellte die Tasse ins Gras und ruckelte so lange auf dem Kissen von rechts nach links, bis sie eine bequeme Sitzposition erreicht hatte.

Kathrin sah hinauf zur Krone. Ein paar Hummeln brummten das Lied des Frühlings. Dort oben herrschte ein reger Betrieb. Auch ein paar geschäftige Kohlmeisen gingen ihrer Arbeit nach. Kathrin faltete den ersten Brief auseinander, den Samuel ihr am vergangenen Wochenende vor Schweden zusammen mit acht weiteren Briefen überreicht hatte. Er hatte ihr das Versprechen abgenommen, jeden Tag nur einen zu öffnen. Heute war der erste an der Reihe:

»Der erste Tag seit einer gefühlten Ewigkeit, an dem ich morgens aufwache und merke, dass irgendetwas fehlt. Weder du liegst neben mir, noch kann ich mein Handy anmachen und dir einen guten Morgen wünschen. Wahrscheinlich trinkst du gerade deinen Kaffee im Bett :) ?!«

Das mit dem Kaffee stimmte. Heute Morgen hatte sie tatsächlich lange in ihrem Bett gelegen und gelesen. Samuel war seit gestern auf seinem Survival-Trip in Schweden. Telefonate, SMS, Skype – das alles war gerade nicht möglich.

Kathrin horchte auf. War das ein Weinen? Sie drehte sich um, sah aber nichts. Da war es wieder. Jemand weinte. Wahrscheinlich ein Mädchen. Vielleicht auch eine Junge. Auf jeden Fall war es ein Kind. Sie stand auf und ging in Richtung der Stimme. Am Feldweg gegenüber der Straße stand tatsächlich ein Mädchen und wie es aussah, stand es dort allein. Kathrin vergewisserte sich noch einmal, ob ein Elternteil in der Nähe war. Als sie sicher war, dass niemand kommen würde, ging sie in Richtung des Kindes. Es hatte das Kinn auf die Brust gepresst und schluchzte. Kathrin kannte das Mädchen nicht. Aber wenn sie ehrlich war, kannte sie keines der Kinder aus der Nachbarschaft ihrer Eltern mit Namen. Höchstens ein paar wenige vom Sehen. Dieses hatte sie auch mal gesehen.

»Hey, Kleines. Was ist denn los?«

Das Mädchen zog geräuschvoll ihren Rotz nach oben. Klassisch. Kathrin verdrängte den Ekel und versuchte, sich zu fokussieren. Die Kleine zeigte auf den Strauch, vor dem sie stand. Es war ein Brombeerstrauch, der zu dieser Jahreszeit noch keine Früchte trug.

»Ich habe meinen Ball verloren«, schluchzte sie.

Kathrin sah in den Strauch. »Ich sehe keinen Ball.«

»Da«, sagte das Mädchen, ging einen Schritt auf den Strauch zu und zeigte mitten ins Gestrüpp. Es war an einigen Stellen grau, wohl wegen des trockenen Sommers im vergangenen Jahr. An einer Stelle hing sogar noch eine alte, verdorrte Frucht, die niemand gewollt hatte. Oder die übersehen worden war. Kathrin folgte ihrem Fingerzeig. Und tatsächlich: ziemlich tief drinnen lag ein pinkfarbener Ball.

»Kein Grund zu weinen«, sagte Kathrin. »Den kriegen wir doch leicht wieder raus.« Ob es wirklich so leicht war, würde sich erst noch herausstellen. Sie machte einen Schritt nach vorn, nur um dann feststellen zu müssen, dass der Ball von dieser Position aus unerreichbar war. Also drehte sie sich noch einmal um, für den Fall, dass ein Stock in der Nähe lag. Natürlich lag dort keiner. Und auch die Eltern der Kleinen waren nicht im Anmarsch. Kathrin hatte wenig Lust, noch einmal zurückzugehen, um Hilfe oder einen Stock zu holen. Vor allem auch, weil sie das Mädchen nicht weinend zurücklassen wollte. Also entschied sie sich für den kurzen Prozess und machte einen weiteren Schritt direkt in den Brombeerbusch hinein. Die Dornen waren unerbittlich und umklammerten sofort ihr Hosenbein. Es war ihr Glück, dass sie sich heute Morgen für eine Jeans entschieden hatte. So hatten es die Dornen schwerer, durch den Stoff zu dringen. Auch jetzt kam sie nicht an den Ball heran, also zog sie auch das andere Bein in die Dornenhecke. Nun konnte sie den Ball greifen und warf ihn dem Mädchen direkt von dieser Position aus zu.

Deren Reaktion konnte sie von dort aus nicht sehen. Sie hörte nur ein kurzes »Danke«. Als Kathrin sich umdrehte, war die Kleine verschwunden.

»Mhhh«, machte sie und sah auf Ärmel und Hosenbeine. Sämtliche Körperteile waren von Dornenranken verschlungen. Sie löste vorsichtig die Dornen von ihren Ärmeln. Doch als sie versuchte, auch ihre Beine zu befreien, hatten sich bereits neue Dornen an ihr festgeheftet. Also entschied sie, den Dornenbusch rückwärtszuverlassen. Die Schlinge zog sich mit jedem Schritt fester zusammen. Mühsam versuchte sie erneut, sich mit den Händen zu befreien. Ihre Handrücken waren bereits mit feinen, roten Linien überzogen.

Als sich immer wieder Dornen an ihr festklammerten, beschloss sie, den Prozess zu verkürzen. Ohne Rücksicht auf ihre Kleidung riss sie mit Schwung ihre Arme und Beine von den Schlingen und verließ den Busch. Schließlich hatte sie es geschafft, dem Unheil lebend zu entkommen. Noch immer hing eine dornenbesetzte Ranke an ihrem Ärmel. Vorsichtig löste sie das Ungetüm mit Zeigefinger und Daumen von ihrer Jacke. Erst jetzt, als sie frei war, spürte sie das Brennen auf ihrer Haut. Kathrin rieb über ihre Arme. Ob der Ball das alles wert gewesen war? Schmerzende Arme und Beine. Ihre Strickjacke, aus der nun Ziehfäden guckten, konnte sie wahrscheinlich wegwerfen. Die strahlenden Kinderaugen hätten als Ausgleich bestimmt gereicht, aber die hatte Kathrin nicht einmal gesehen. Früher hätte sie sich nicht für ein Kind in die Hecke gestürzt. Sie hätte die Eltern gesucht und denen den Dornenkampf überlassen. Ob Samuel auf sie abfärbte? Gab es so etwas überhaupt? Vor einiger Zeit hatte sie in einer Zeitschrift gelesen, dass sogar Adipositas ansteckend war. Dass jemand, der sonst normalgewichtig war, eine soundso prozentige Chance hatte, selbst übergewichtig zu werden, wenn dieser sich permanent mit einem an Adipositas Erkrankten umgab. Ob das wirklich stimmte, wusste Kathrin nicht. Aber es klang spannend. Ein bisschen wollte sie daran glauben, dass Samuel sie und ihr Leben besser machte.

Als sie wieder in der Wohnung war, beschloss sie, sich selbst etwas Gutes zu tun und mit Kaffee, Buch und Samuels Brief unter der Bettdecke zu verschwinden. Vorher wollte sie ihm aber noch antworten. Auch wenn sie ihm den Brief nicht schicken konnte, weil er in Schweden nicht erreichbar war. Sie suchte in ihrem Schreibtisch nach ihrem alten Füller. Kathrin dachte, wenn sie schon ganz klassisch einen Brief schrieb, dann stilecht mit einer Feder. Das, was einer Feder am nächsten kam, war ihr alter Füllfederhalter aus der zwölften Klasse. Im gleichen Schubfach lag sogar noch eine Packung Patronen. Ob die inzwischen eingetrocknet waren? Erst als sie erste Schreibprobe machte, fiel ihr wieder ein, wann sie den Füller zuletzt benutzt hatte. Sie hatte vorgehabt, Phillip zu schreiben. Bei all den ICQ und SMS-Nachrichten hatte sie mal etwas Klassisches ausprobieren wollten. Sie konnte sich nicht mehr daran erinnern, ob sie ihm tatsächlich einen Brief geschrieben hatte. Wahrscheinlich hatte sie das nicht. Trotzdem war der Gedanke an Phillip wieder da. Es war aber anders als sonst. Wenn sie früher an ihn gedacht hatte, war es wie ein Verzehren nach Glück gewesen. Mit Samuel lebte sie das Glück. Es brauchte kein Verzehren. Hatte es endlich aufgehört? Waren die ewigen innerlichen Kämpfe vorbei? Kathrin hätte es nicht sagen können. Aber für den Moment fühlte sie sich frei.

»Vor einem Jahr hätte ich nicht zu träumen gewagt, wie schön mein Leben durch den unermesslichen Zufall unserer Begegnung werden würde!

Mit dir ist einfach alles viel schöner und intensiver geworden! Mit dir ist Kaffee trinken schöner, das Kochen, das Treffen mit Freunden, mein Alltag und mein ganzes Leben!«

Kapitel 33

Bitburg, Oktober 2019

Montag. Kathrin setzte sich mit einem weißen Briefumschlag und einem Himbeer-Mascarpone-Muffin an den Küchentisch. Ohne Sahne, weil sie auf Diät war.
›Kanzlei Bogener‹. Sie wusste, was darin war. Es war der endgültige Abschied aus dem alten Leben. Dem Leben mit Martin. Es war nicht so, dass sie gestern noch ein gemeinsames gehabt hätten. Zwischen ihnen herrschte seit Monaten eine gut zu ertragende Funkstille. Vielleicht hätte es ihr mehr ausgemacht, wenn es Samuel nicht gegeben hätte. Aber sie hatte ihn und dafür war sie dankbar. Sie öffnete mit ihrem Daumen die Lasche, zog die grauen Blätter aus dem Umschlag und überflog die Zeilen. Das Scheidungsurteil. Es kam nicht überraschend. Vor einer Woche hatte sie ein letztes Mal einen gemeinsamen Termin mit Martin wahrgenommen. Den Gerichtstermin, der ihre Ehe endgültig schied. Es war befreiend gewesen. Sie waren sich einig, die Ehe schon vor dem offiziellen Trennungsjahr zu beenden. Auch für das Gericht war es plausibel: Martin hatte Monate vor ihrer Trennung nachweislich im Ausland verbracht. Das wurde als Trennungszeit anerkannt. Und sie waren sich einig, was die Güter betraf. Kein Krieg um Kleinigkeiten. Hauptsache raus.

»Im Namen des Volkes ergeht folgendes Urteil: Die Ehe wird geschieden. Kein Versorgungsausgleich. Die Kosten werden gegeneinander aufgehoben.«

Sie ließ die Blätter sinken. Es war wie beantragt. Ein Schlussstrich, der viel mehr darstellte als das Ende einer Phase. Es war auch der Anfang von etwas Neuem. Nicht der Beziehung zwischen Samuel und ihr. Es war eher die stillschweigende Übereinkunft mit sich selbst, Dinge nur noch zu tun oder zu lassen, wenn Verstand und Gefühl miteinander kooperierten. An erster Stelle stand die uneingeschränkte Überzeugung, nicht mehr zu heiraten, wenn sie es nicht selbst aus fester Überzeugung wollte. Völlig losgelöst von äußeren Einflüssen.

Freitag. Kathrin kuschelte sich unter ihre Bettdecke. Der Herbst war bereits im vollen Gange. Der Wind peitschte erbarmungslos gegen die vor ihrem Fenster stehende alte Eiche. Die Äste bogen sich. Die ockerfarbenen Blätter flogen ins Nichts. Ihr selbst konnte der Wind nichts anhaben. Das Fenster war geschlossen, die Decke bis zum Bauchnabel gezogen. Um sie herum standen zahlreiche Kerzen und Teelichter, die auch Wärme abgaben. Nicht zu vergessen ihre frisch gefüllte Kaffeetasse, die zur ihr gehörte wie der Wind zum Oktober. Gleich würde Samuel anrufen und ihr sagen, ob er zukünftig in Bitburg arbeiten durfte und somit zu ihr ziehen konnte. Seltsamerweise wühlte diese Ungeduld sie mehr auf als die Scheidungspapiere vor ein paar Tagen. Kathrin zog ihren Bauch ein, als würde sie die Luft anhalten. Was, wenn der Chef ›Nein‹ sagen würde? Wäre das, weit in die Ferne gesehen, ihr zwangsläufiges Aus?

»Hallo Traummann!

Diese Karte schreibe ich dir gerade, während ich auf deine Antwort warte und versuche, mich abzulenken.

Ich hoffe sooo sehr, dass das, was du mir zu berichten hast, der nächste Schritt in unserem gemeinsamen Leben sein wird …

Nichts würde mich glücklicher machen, als die Aussicht darauf, mein Leben mit dir verbringen zu dürfen! Ich liebe dich!«

Kapitel 34

Bitburg, 23. Dezember 2019

Mit viel Schwung beförderte sie die zur Hälfte offene Kiste auf den Schreibtisch. Sie waren seit einer Woche mit dem Umzug beschäftigt, knapp ein halbes Jahr nach ihrem ersten Kennenlernen. Die Wochenendbesuche hatte ein Ende. Samuel hatte seinen Chef davon überzeugen können, zukünftig im Home Office zu arbeiten. Kein Vermissen mehr. Keine vollgepackten Wochenenden, um all das auszukosten, was sie sich unter der Woche vorgenommen hatten. Alltag begann. Nie klang dieses sonst so banale Wort vielversprechender als jetzt.

Gestern wurde das Klavier geliefert. Es wurde mit einem Kran und Seilgurten durch das Fenster ihrer Altbauwohnung gehievt. Kein Ruckeln, kein Wackeln, keine noch so kleine Bewegung wurde dem Zufall überlassen. Es waren Fachmänner am Werk, die wie Zahnräder im Getriebe ineinandergriffen.

Kaum stand es an seinem Platz, setzte Samuel sich ans Klavier und strich über die Tastatur. Als wäre er dankbar, dass keine Taste zerbrochen war. Endlich war alles da und das neue Leben durfte beginnen.

Samuel arrangierte eine Vase mit Blumen auf dem Regal. Fast schon ungewöhnlich für einen Mann, diese Freude am Dekorieren. Kathrin gefiel es und ihr gefiel, dass er ohne Weiteres die Aufgaben übernahm, die sonst meist von Frauen erwartet wurden. In der Vase stand eine Variation aus getrockneten Gräsern. Getreide, Lavendel, Pampasgras. Ob Samuel die Gräser irgendwann beim Spazierengehen gepflückt hatte? »Hast du die selbst gepflückt?«

»Was?«

»Die Blumen?« Kathrin zeigte darauf.

»Ein Geschenk. Von wem, weiß ich nicht mehr.«

»Also sammelst du nicht Dekogräser nur so zum Spaß.«

Samuel zog eine Augenbraue hoch. »Ne.«

»Ich find's toll, dass du dekorierst. Ich hab' kein Händchen dafür.«

»Dafür hast du jetzt ja mich.« Er zwinkerte.

Sie hatten den ganzen Tag eingeräumt, ausgeräumt, Möbel verrückt, gewischt, gesaugt und ausgebessert. Kathrins neuronales Belohnungssystem im Gehirn war bereit, entschädigt zu werden. »Lass uns ausgehen.«

»Ausgehen? Jetzt?« Samuel war gerade dabei, zum zweiten Mal mit einem Tuch den Bilderrahmen ihres ersten gemeinsamen Paarfotos blank zu putzen.

»Einen Wein trinken. Oder zwei. Oder ins Kino gehen.«

»Ähm.«

»Was ist? Wir waren hier noch nie gemeinsam aus. Endlich können wir es genießen.«

»Also eigentlich hatte ich mich gedanklich schon auf einen ruhigen Abend eingestellt. Vielleicht ein Buch lesen. Spontaneität ist nicht mein Ding.«

»Wirklich?« Kathrin zog ihre Augenbrauen hoch.

Samuel setzte sich an den Tisch und zeigte ihr das Buch, das er sich schon zurechtgelegt hatte. »Enttäuscht dich das?«

»Also eigentlich überrascht es mich.«

»Positiv oder negativ?«

Sie lächelte. »Ich bin die Spontaneität in Person und kann kaum fassen, dass ich *endlich*, nach so vielen Monaten des Suchens, einen Makel an dir gefunden habe.«

Er lachte und zog sie auf seinen Schoß. »Ist das ein großer Makel?«

»Ein großer sicher nicht. Damit kann ich gut leben.« Sie strich über seinen glattgeschorenen Kopf. »Du bist also doch nicht perfekt«, sagte sie, ohne es zu meinen. Perfektion verlangte hin und wieder nach kleinen Ausbrechern.

»Muss wohl so sein«, antwortete er und küsste sie.

Auch am Sonntag wedelte Samuel noch einmal über das Bücherregal. Gleichzeitig trug er sein Wasserglas mit sich herum – den Staubwedel rechts in der Hand, das Glas links. Weil ihm fast nichts entging, blieb er für einen Moment regungslos vor dem Regal stehen.

»Hier ist ein Ordner für eine Beerdigung. Ist die von deinem Vater?« Er drehte sich zu ihr.

»Nein, der Ordner steht bei meiner Mutter.«

»Und -«

»Das ist mein Ordner«, unterbrach sie ihn.

»Aber für welche Beerdigung?«, fragte er nun und nahm ein Schluck aus seinem Glas.

»Meine«, sagte sie so selbstverständlich, als würden sie gerade von Socken reden. Die schwarzen in Samuels Fach, die roten in Kathrins.

Er hustete und das soeben aufgenommene Wasser verließ spritzend wieder seinen Mund. Kathrin eilte zu ihm und klopfte ihm sanft auf den Rücken.

»Was …« Er hüstelte erneut und sprach mit gebrochener Stimme weiter: »Was soll das heißen, für deine?«

»Ich habe dir doch schon mal gesagt, dass ich ein hohes Risiko in mir trage, frühzeitig an Krebs zu erkranken.«

»Bist du das schon? Hast du schon Krebs?« Sein Gesicht war puterrot.

»Nein, alles gut.« Sie brachte ihn zu einem Stuhl, weil er wirkte, als würde er neben sich stehen. Wie eine Samuel-Kopie.

»Warum um Gottes Willen hast du dann einen Ordner von deiner Beerdigung?«

»Wegen dem kleinen Schlaganfall, den ich mit siebenundzwanzig hatte. Weißt du noch? Ich hatte dir im letzten Jahr mal davon erzählt.«

Er nickte.

»Als ich damals im Krankenhaus gelegen habe, wurde mir plötzlich klar, wie vergänglich das Leben ist. Von einem Tag auf den anderen könnte alles vorbei sein. Ich habe überlegt, was ich erlebt habe, welche Träume wahr geworden sind.« Sie setzte sich zu ihm an den Tisch. »Es war nicht so schön wie erhofft. Ich habe mit einem Mann zusammengelebt, der nicht einmal ins Krankenhaus gekommen war. Und es war gleichzeitig der Mann, den ich heiraten wollte.«

»Warum hast du es getan? Warum hast du ihn nicht schon damals zum Teufel geschickt?«

Kathrin sah auf ihre zusammengefalteten Hände. »Zu meiner eigenen Vergänglichkeit kam auch die meines Vaters. Er hat damals schon lange an Krebs gelitten und ich hatte mir einfach gewünscht, dass er mich noch zum Traualtar führte, bevor -« Ihre Stimme versagte.

Samuel umfasste ihre Hand und drückte sie sanft.

»Außerdem wollte ich ihn ja lieben. Ich *habe* ihn geliebt«, sagte sie mit brüchiger Stimme und trotzdem so laut, als wollte sie auch sich selbst überzeugen. »Ich wollte, dass es funktioniert.«

Es war eine raumgreifende, irrationale Logik. Als könnte man Liebe steuern. Dabei glich Liebe doch eher einem Fahrrad, dem der Lenker abhandengekommen war. Es konnte gut gehen. Oder auch nicht. Mit viel Balance konnte man die Spur halten. Das funktionierte natürlich nur, wenn beide mitmachten. Der Fahrer und das Rad. Wenn es blöd kam, würden beide fallen. Und wenn es richtig blöd kam, würden sie sich auch noch verletzen. Kathrin war verletzt worden. Inzwischen wusste sie, wie man fuhr. Das am besten für sie geeignete Rad saß ihr gegenüber.

»Und du glaubst, weil dein Vater früh gestorben ist, wirst du es auch?«

»Viele in meiner Familie sterben früh. Mein Vater, mein Onkel, meine Oma, mein Opa. Ich bin mit dem Wissen aufgewachsen, dass es Krebs in meiner Familie gibt. Deshalb will ich *jetzt* leben. Ich kündige, sobald ein Job mir nicht gefällt und quäle mich nicht noch jahrelang in der Hoffnung, dass sich irgendetwas ändert. Ich besuche alle Orte, die mir gefallen und will unbedingt bald mit dir auf die Malediven.«

»Du bekommst deine Malediven.« Er drückte sie fest, so als könnte die Umarmung das Unvermeidliche aufhalten.

Kapitel 35

Bitburg, Januar 2020

Silvester war fast geräuschlos an ihnen vorübergegangen. Sie hatten nicht gefeiert. Nur genossen. Sie genossen es, endlich zusammenzuwohnen. Sie genossen gemeinsames Kochen und gemeinsamen Austausch. Zeit hatte an Bedeutung verloren. Sie musste sich nicht mehr auf die Wochenenden beschränken. Die Gespräche nicht auf die Abendstunden am Telefon verlagern. Endlich führten sie eine normale, durchschnittliche Beziehung. Und sie konnten lesen. Kathrin hatte eine Reihe von Büchern, die sie mit ihm besprechen wollte. Allen voran ›Die ewigen Toten‹ von Beckett.

Für Kathrin war die Tatsache, dass sie einen Partner wie Samuel hatte, noch gar nicht richtig greifbar. Er war absolut liebevoll. Seit ein paar Tagen hatte er sogar ein Kosewort für sie. Ein kleines Vögelchen hatte auf dem Fensterbrett der Küche gesessen und sie beobachtet, als würde es rufen: *›Lass mich rein‹*.

Kathrin hatte aufgeregt »Oh, ein kleines Vielschi« gerufen. Woraufhin der abgelenkte Samuel entgegnet hatte. »Ein was?«

»Da.« Kathrin hatte auf den Vogel gezeigt.

Samuel war mit Teller und Wischtuch in den Händen ans Fenster gekommen. »Das also ist ein Vielschi.«

Sie hatte gegrinst. »Ein Vögelchen.« So nannte man einen kleinen Vogel in der Eifel.

Er hatte ihr einen Kuss auf die Nase gegeben und gesagt: »Fast so süß wie du.«

Samuel war auch aufmerksam, hatte ein reines Herz und ruhte in sich. Das Beste war: Er brauchte keine weibliche Bauchpinselei. Niemand musste ihm sagen, wie anerkennungswert sein Job oder wie supercool sein Auto war. Darauf legte er ohnehin keinen Wert. Wenn Martin wie Spirelli mit Ketchup war, war Samuel nicht nur wie Tagliatelle mit gut gewürzter Arrabbiata-Sauce aus frischen, toskanischen Tomaten, sondern auch noch mit original italienischen Parmigiano bestreut.

Außerdem war er unglaublich smart, ohne dass seine Karriere über allem stand. Er war kein Ehrgeizling, der seinen Job über ihr gemeinsames Glück stellen würde. Seine vornehmliche Motivation zu arbeiten war, ein gutes Leben zu führen. Und das konnte er. Kathrin kannte solche Männer bislang nur aus dem Fernsehen oder aus Büchern. Nun also war sie die Protagonistin in ihrer eigenen Liebesgeschichte geworden und Mr. Dreamy war ihr Freund.

Es hätte alles perfekt sein können, wenn es die eine Sache nicht gegeben hätte, die ihre neue, blumige Welt erneut ins Ungleichgewicht bringen würde.

Seit einigen Tagen hatte sie ihren Mädchennamen wieder angenommen und sie wollte nun auch der Außenwelt, dem Word Wide Web, mitteilen, dass sie wieder nur sie war. Kein Name mehr hinter ihrem, der ohnehin nie zu ihr gehört hatte.

Ihr Namenswechsel war nicht unbemerkt geblieben.

»Bist du geschieden?«

Kathrin starrte auf ihr Display und schluckte. Es war nicht nur Phillips erste Nachricht, die sie nach ihrer Scheidung von Martin erhalten hatte. Gleichzeitig war es die erste Nachricht seit ihrer Beziehung mit Samuel. Es fühlte sich anders an als zuvor. Das Sehnen nach einem vermeintlichen Glück war nicht mehr da, weil sie das sagenumwobene Glück nun lebte. Und dennoch konnte sie die Nachricht nicht einfach ignorieren.

»Ja, seit Ende vergangenen Jahres. Wir haben nie richtig zusammengepasst.«

»Wenn ich nicht in einer Beziehung stecken würde, würde ich jetzt zu dir fahren und mit dir deinen Neuanfang feiern. Aber das ist wahrscheinlich unser Los. Einer von uns steckt immer in einer Beziehung.«

Als ob er sich mit ihr treffen würde, wenn er solo wäre. Inzwischen glaubte sie, dass er Angst davor hatte. Aber wenn sie ehrlich zu sich selbst war, ging es ihr nicht anders. Wahrscheinlich war er nicht mehr der Gleiche, den sie damals im Park kennengelernt hatte. Kathrin wusste von sich selbst, dass sie eine andere war. Besonders in der kurzen Zeit, in der sie Samuel kannte, war sie innerlich gewachsen. Sie mochte das. Und sie wollte mit ihm an ihrer Seite noch größer werden.

»Ich habe den Neuanfang mit meinem Freund gefeiert. Er war nicht der Grund für das Aus der Ehe. Aber er ist der Grund, warum es mir nun besser geht als jemals zuvor.«

Kathrin starrte immer wieder auf ihr Handy. Wartete auf eine Antwort. Wünschte sich, dass er sich für sie freute. Aber es kam nichts. Vielleicht hoffte ein Teil in ihm, dass sie auf ihn wartete. Oder dass sie nur mit Phillip richtig glücklich sein konnte.

Je mehr sie sich zwang, nicht an ihn zu denken, desto intensiver wurde ihr Gedankeninferno. Ohne dass sie es wollte, hatte er wieder einen Fuß in ihre heile Welt gesetzt.

Kathrin und Samuel machten Köttbullar. Normalerweise machten sie abends keine großen und dazu noch sahnigen Fleischgerichte. Aber Samuel hatte heute besonders großes Schweden-Fernweh gehabt und kurzerhand Gehacktes mitgebracht.

»Wenn wir den Kartoffelbrei weglassen, ist das kaum noch kalorienreich«, hatte er gesagt und sie angezwinkert.

Er hatte gut reden. Sein Stoffwechsel vertrug alles, selbst wenn er sich hinterher noch eine Pizza zum Nachtisch gönnte.

Bei ihr war das anders. Sie würde eine Woche lang Gewichte stemmen müssen, um den kulinarischen Ausreißer wieder einzudämmen. Das war alles andere als fair. Überhaupt hatte er es einfacher. Er machte hin und wieder ein paar Yogaübungen und war danach trainiert. Von Yoga bekam Kathrin höchstens eine Zerrung, weil durch irgendeine falsche Bewegung garantiert eine ihrer Sehnen verkrampfte. Das würde sie nicht einmal sofort merken. Manchmal erst am nächsten Morgen. Selbstverständlich würde sie zuerst die Matratze beschuldigen, dann das Kissen. Erst wenn sie kurz die Vermutung geäußert hätte, dass Samuel durch nächtlich umherfliegende Gliedmaßen die Ursache für ihren Schmerz sein könnte, würde er sagen: »Vielleicht war es auch unsere gestrige Yogaeinheit. Aber du hast recht. Hätte ich dich nicht überredet, würdest du jetzt nicht leiden. Ich spendiere dir Trost-Snickers.« Womit sich der Kreis wieder schloss. Sie würde naschen und am Folgetag umso exzessiver Sport treiben müssen, um die außerplanmäßigen Kalorien wieder abzutrainieren.

»Phillip hat mir heute geschrieben.« Kathrin formte einen Hackklecks zu einer kleinen Kugel.

Samuel, der in einem Tiegel die Sauce anrührte und mit dem kleinen Finger davon probierte, schien unbeeindruckt. »Ihm ist wohl aufgefallen, dass du deinen Namen geändert hast.«

Wieder so ein Moment, in dem er mit detektivischem Spürsinn die offenen Fäden miteinander verband.

»Also …«, begann sie und blickte ihn an.

Er zog die Brauen hoch. »Also?«

»Phillip hat geschrieben, dass er sich mit mir getroffen hätte, wenn er Single wäre.«

»Und hättest *du* dich mit ihm getroffen, wenn er Single wäre?« Er drehte Pfeffer aus einer Mühle in die Sauce und klopfte noch einmal darauf.

»Jetzt habe ich ja dich. Du bist tatsächlich der erste Mann, den ich nicht für Phillip verlassen würde.«

Er lächelte.

»Aber«, sagte sie und hielt einen Fleischklops in die Luft. »Ich gebe zu, dass ich ihm irgendwann noch einmal lebend begegnen möchte.«

»Klar willst du das.« Er legte die ersten fertigen Köttbullar in die Pfanne.

»Klar?«

»Du bist neugierig.«

»Ja, das auch.«

»Und was noch?« Er nahm ihr das letzte, unförmige Fleischbällchen aus der Hand, rollte es schnell zu einer Kugel und warf auch das in die Pfanne.

»In meiner Vorstellung wird er auf meiner Beerdigung sein …«

»Bitte lass uns nicht wieder von deinem Tod reden«, unterbrach er sie.

»Das will ich ja gar nicht. Allerdings finde ich die Vorstellung tragisch, dass er auf meiner Beerdigung wäre, ohne dass wir uns vorher je wieder lebend begegnet wären.«

»Er wird eh nicht auf deiner Beerdigung sein.«

»Du glaubst, er würde nicht kommen?«

»Nein. Du vergisst, dass die Lebenserwartung von Männern kürzer ist. Wenn du beerdigt wirst, wird er grob geschätzt schon 2,7 Jahre auf dem Friedhof liegen.«

»Ach, du.« Sie holte mit dem Geschirrtuch aus und traf ihn an seiner Schulter. Er fing es auf und umfasste sie samt dem Tuch wie mit einem Lasso. »Du wirst nicht sterben. Ich will mit dir alt werden, hörst du?«

Kapitel 36

Bitburg, April 2020

»Ein Jahr! Hätte man mir vor einem Jahr erzählt, wie sehr sich mein Leben verändern wird, hätte ich wahrscheinlich gelacht. Aber es ist, wie es ist, und ich bereue in keiner einzigen Sekunde, diesen Schritt gegangen zu sein. Den Schritt mit dir gegangen zu sein …

Ich könnte nicht glücklicher sein und ich werde es jeden Tag ein bisschen mehr. Du bist dafür verantwortlich, dass ich so glücklich bin wie noch nie zuvor in meinem Leben. Du bist der Mensch, mit dem ich mir alles vorstellen kann. Du bist der Mann, mit dem ich alt werden möchte. Du bist meine große Liebe!

Ich liebe dich sooo sehr!

Deine Kathrin

Seit einem Jahr brachte er ihr morgens einen Kaffee ans Bett. Seit einem Jahr schrieben sie sich kleine Post-It-Zettelchen, um sich gegenseitig den Tag zu versüßen. Seit einem Jahr war Glück ihr ständiger Begleiter. Und dann kam Corona. Sie waren praktisch von einer Wochenendbeziehung in die Isolation gerutscht. Aber nun wussten sie: Sie konnten auch Extremsituationen überstehen. Sie waren einander nicht überdrüssig geworden. So viel sie auch voneinander bekamen, sie wollten immer noch mehr.

Kapitel 37

Düsseldorf, Mai 2021

Seit einer Woche war der zweite Lockdown vorbei. Die Ansteckungsgefahr war geblieben, aber Kathrin wollte trotzdem raus. Nicht, weil sie genug davon hatte, mit Samuel auf engstem Raum zu leben. Sie wollte sich erinnern. Erinnern an die aufregende Zeit, als sie sich kennengelernt hatten und ihre Beziehungen einen Vormittag lang unschuldig war.

Gerade fuhren sie wieder nach Düsseldorf und damit an jenen Ort zurück, an dem vor zwei Jahren alles angefangen hatte.

Als sie heute auf dem Düsseldorfer Turm waren, um zum Kölner Dom hinüberzuspähen, war die Sicht frei. Es war ein wolkenloser Nachmittag und so sonnig, dass Kathrins Nasenspitze bereits rot glänzte. Sie hatte sich einen kleinen Sonnenbrand geholt.

»Was für ein schöner Tag.« Sie sah Samuel verliebt an. »Kannst du dir vorstellen, hier zu heiraten? Ich meine, ich weiß natürlich nicht, ob das genau *hier* geht. Aber so grundsätzlich?«

Er verengte seine Augen. »War das so etwas wie ein Heiratsantrag?«

Sie grinste. »Nein, das käme romantischer.«

Er fasste sie an beiden Hände. »Ich bin nicht der Typ Mann für den Traualtar.«

»Ach nein? Wer ist denn der Typ Mann für den Traualtar?«

»Grundsätzlich immer die anderen. Und meistens sind das dann auch diejenigen, die sich zehn Jahre später wieder scheiden lassen.«

Kathrin sah hinunter auf ihre Hände. Ihr wurde schmerzlich bewusst, dass sie selbst zu denjenigen gehörte, von denen er sprach.

»Guck nur mal meine Eltern«, sagte er stattdessen. »Deine Eltern hatten eine glückliche Ehe. Daher fällt es dir leicht, an das Endlosglück zu glauben.«

Er dachte gar nicht an ihre Ehe mit Martin. Was ihre eigenen Eltern betraf, war er allerdings auf der falschen Spur. Deren Ehe war zwar glücklich, aber bei Weitem nicht lang genug gewesen. »Endlosglück ist sicher das falsche Wort bei meinen Eltern.«

»Dein Vater hatte das Glück, bis zu seinem Ende, mit der Frau zusammen zu sein, die er liebte.«

Er hatte recht. Bis dass der Tod sie schied. Bis dahin hatten sie eine glückliche Ehe geführt. Vielleicht war das tatsächlich der Grund, warum Kathrin auch nach ihrer gescheiterten Ehe immer noch an die Liebe, an »bis dass der Tod sie schied« glaubte.

»Ich will dich mit fünfundfünfzig heiraten, mit dir in Rente gehen und durch die Gegend reisen.«

Sie stellte sich auf ihre Zehenspitzen, legte die Hände um seinen Hals und lächelte. »Ich nehm' dich beim Wort. Mit fünfundfünfzig heiraten wir.«

Kapitel 38

Bitburg, Februar 2022

»Es hat funktioniert, ich bin schwanger!«, rief Sarah.

»Du wirst Mama«, antwortete Kathrin fast flüsternd in ihr Handy. Sie hatte lange auf diese Nachricht gewartet, weil sie wusste, dass ihre Schwester sich ein Baby wünschte. Überrascht war sie also nicht. Aber die Angst war groß gewesen, was diese Nachricht auslösen würde. Und zwar die Angst vor der sagenumwobenen Ansteckung, die Freundinnen und weibliche Familienmitglieder umtrieb, wenn Babystimmung herrschte. Sobald die erste Babyankündigung eingeläutet war, verbreiteten sich Babywünsche und Babynachrichten wie ein kaum zu bändigendes Lauffeuer. Selbst die Schwester ihrer Freundin Steffi, die regelmäßig schwor, Kinder wären die Ausgeburt der Hölle, hatte just verkündet, selbst Mutter zu werden – und zwar, nachdem sie Tante geworden war. All diese Bekenntnisse hatten Kathrin beunruhigt.

Jetzt jedoch wusste sie: Sie fühlte nur Glück. Überwältigendes, schwer zu beschreibendes, tief empfundenes Glück. Der gefürchtete Wunsch, selbst schwanger werden zu wollen, blieb aus. Sie wollte nicht Mutter werden. Tante dagegen umso mehr.

»Sarah ist schwanger«, sagte sie und setzte sich zu Samuel an den Küchentisch.

Er zog überrascht seine Augenbrauen hoch. »Es hat also geklappt. Das freut mich.« Seine Augen glänzten. Aber da war noch etwas anderes.

»Sag mal, wir haben ja lange nicht mehr darüber geredet. Ist es in Ordnung für dich, kein Kind zu bekommen?«

Er nickte. »Ist es.« Kein Zögern. Kein darüber Nachdenken.

»Warum? Ich meine, nicht dass ich dich überreden wollte. Aber ich weiß, warum ich keines will. Aber warum du?«

Er wanderte mit seiner Hand zu ihrer. »Na ja, zum einen, weil ich mit dir zusammen sein will. Ich habe gesehen, was es aus dir gemacht hat, die *Pille danach* zu nehmen. Was würde passieren, wenn wir es verlieren würden? Ich muss immer noch an das Kind von meinem Kollegen denken.«

Das hatte auch Kathrin mitgenommen, obwohl sie den Kollegen gar nicht kannte. Er und seine Frau hatten sehnsüchtig die Geburt ihres ersten Kindes erwartet. Es kam zu früh und musste auf eine Frühchenstation. Am Ende war es doch gestorben.

»Ich will so etwas nie ertragen müssen. Es klingt vielleicht eigenartig, aber ich bin wirklich dankbar, dass ich das nie miterleben muss.«

»Es klingt nicht eigenartig.« Kathrin strich über ihren Bauch. Er war nicht wirklich leer. Aber er brauchte etwas Süßes. »Lass uns Sarahs Schwangerschaft feiern.«

»Es ist zu früh für Sekt.« Samuel sah auf die Uhr. »Obwohl. Um vier ist Sekt in Ordnung.«

Kathrin lachte. »Nicht mit Sekt. Mit Eis.«

»Ich ess' doch gar kein Eis.«

»Dann bekommst du Sekt.« Heute war auch ihr Kosmos mal ganz einfach gestrickt. Sie wollte das Eis nicht nur, weil sie sich über die Schwangerschaft freute. Sie brauchte auch Trosteis. Kathrin hatte am Morgen gelesen, dass Polen darüber debattierte, Abtreibungen zu verbieten. Es sollten kaum Ausnahmen erlaubt werden. Natürlich musste sie an ihre eigene Situation denken und was sie getan hätte, wenn es damals die *Pille danach* nicht geben würde. »Hast du das mit Polen gelesen?«

»Nein, was?«

»Dass sie Abtreibungen verbieten wollen.«

»Ich habe es im Radio gehört.« Samuel holte ein Weinglas aus der Anrichte.

»Das ist kein Sektglas.«

»Wenn du nicht mittrinkst, nehme ich lieber Wein.« Er holte auch eine Schüssel für Kathrin aus der Anrichte und stellte sie auf ihren Platz. »Und wie kommst du jetzt darauf?«

Kathrin kramte das Eis aus dem untersten Gefrierfach. Strawberry-Cheesecake.

»Ich hab' mich …«, sie zerrte am Eisfach, das durch zu viel Eis an den Seiten kaum noch zuging. Samuel hockte sich neben sie und half, das Eisfach wieder zuzuschieben. »Ich habe mich einfach nur gefragt, was wäre, wenn Deutschland Abtreibung verbieten würde. Oder die USA. Die waren immer schon für alles Vorreiter. Stell' dir vor, die verbieten plötzlich Abtreibungen.«

Samuel setzte sich wieder an den Tisch und schenkte sich vom Wein ein. Riesling. Halbtrocken. »Das könnte den Amerikanern tatsächlich bald blühen. Aber die wollen auch die Kriminalität eindämmen.«

»Was hat die damit zu tun?« Kathrin setzte sich zu ihm, zog mit viel Kraft den Deckel vom Becher und kratzte eine dünne Schicht Eis auf den Löffel. Es war noch zu kalt, um es in die Schüssel zu füllen. Aber Kathrin war zu ungeduldig, um zu warten.

Samuel nahm einen Schluck von seinem Wein. »Es ist ziemlich wahrscheinlich, dass die Amerikaner durch Abtreibung die Verbrechensrate gesenkt haben.«

»Was? Wie das?« Kathrin nahm einen weiteren Löffel.

»Na ja, das Gesetz, das Abtreibungen in den USA erlaubt, kam in den Siebzigern. Studien haben gezeigt, dass Kinder, vor allem aus armen Familien oder von Single-Müttern oder aus Familien, die erfahrungsgemäß zu kriminellen Entwicklungen neigen, nicht geboren wurden. Nachdem es das Abtreibungsgesetz gab, hat man viele von diesen Kindern abgetrieben.

Viele mögliche Verbrecher der Neunziger waren deshalb nicht da, weil sie in den Siebzigern nicht geboren worden sind.

»Du machst Witze.«

»Nein. Ich hab's gelesen. Es ist wirklich so erforscht worden.«

»Legalisierte Abtreibungen führen also zum Sinken der Verbrecherrate.«

»Zumindest in den USA.«

Kapitel 39

Düsseldorf, April 2022

Sie standen – wie im vergangenen Jahr – auf dem Düsseldorfer Turm. Ihr Besuch zum Jahrestag war zur willkommenen Routine geworden. Diesmal regnete es jedoch. Sie gehörten zu den Paaren, die sich durch fast nichts aus der Ruhe bringen ließen. Erst recht nicht durch Regen. Samuel hielt den Schirm und Kathrin das Fernglas.

»Du wirst den Dom heute nicht sehen.«

»Vielleicht doch. Kommt vielleicht auf die Einstellung an.« Damit meinte sie weniger ihre innere Einstellung als die des Fernglases. Sie drehte am kleinen Rädchen, das den Zoom verstärken sollte. Aber sosehr sie sich auch bemühte, sie zoomte lediglich den Nebel an sich heran. Schließlich gab Kathrin es auf.

»Okay, lass uns zum Inder gehen.«

Er grinste. »Ich hab' gehofft, dass du das sagst.«

Diesmal war ihr Platz am Fenster von einem anderen Pärchen besetzt.

»Ist das ein schlechtes Omen?«, fragte Kathrin. Es war nicht so, dass sie mit Veränderungen nicht gut klarkam. Aber der Platz gehörte nun mal zu ihnen.

»Nein, das ist nur schlechtes Timing. Im nächsten Jahr reserviere ich vorher.«

»Ja«, sagte Kathrin und starrte auf das Paar.

»Wir haben hier sonst immer allein gesessen. Wer hätte ahnen können, dass sich die Besucherfrequenz in diesem Jahr verdoppelt?«

Wie bei ihrem ersten Besuch bestellten sie eine Variation aus verschiedenen Gemüsesorten und eine Auswahl an Broten. Auf ihrem Tisch stand zwar eine Kerze, aber es brannte keine Flamme. Weil sie beide nicht rauchten, baten sie den Kellner darum, die Kerze anzuzünden.

Kein Problem. Darf es auch Musik sein?

Die Musik lief zwar schon, aber der Kellner drehte sie lauter. Leiser wäre ihnen lieber gewesen. Also drehte er den Lautstärkeregler wieder nach unten, nachdem er das Essen zu ihnen navigiert hatte. Das Essen war gut. Wenigstens eine Konstante.

»Vor einem Jahr hätte ich dir beinahe einen Heiratsantrag gemacht.« Kathrin sah gedankenverloren nach draußen, während sie an einem Stück Naan-Brot knabberte.

»Bereust du, dass du es nicht getan hast?«

Nun sah sie ihn direkt an. »Jetzt, wo ich weiß, dass du abgelehnt hättest?«

»Ich hätte nicht *dich* abgelehnt, sondern die Ehe als Institution.« Er legte seine Hand auf ihre. »Brauchst du es, dass wir verheiratet sind?«

Sie lächelte ihn liebevoll an und schüttelte den Kopf. »Ich fühle mich mit dir verheirateter als während meiner Ehe mit Martin.« Und das sah sie wirklich so. Sie liebte ihn so sehr, dass sie sich manchmal fragte, ob das mit ihnen echt war. Und, wenn es wirklich echt war, ob es auch so bleiben würde.

Auf dem Rückweg zum Hotel rief Alex an. Seit sie an ihrem ersten gemeinsamen Date bei der Hotelrezeption angerufen hatte, um zu fragen, ob Kathrin einem Gewaltverbrechen zum Opfer gefallen war, ging sie immer ran, wenn Alex anrief.

»Hi, Alex.«

»Alles Gute Euch, Turteltäubchen. Wie geht's dir?« Alex fragte deshalb, weil Kathrin seit ihrer Coronaerkrankung an

Long Covid litt. Alex' eigene Infektion war symptomfrei verlaufen, daher war ihr Verständnis für Menschen mit tiefergehenden Symptomen begrenzt. Kathrin wusste, dass sie nur aus Höflichkeit fragte.

»Nicht besser. Ich bekomme in zwei Monaten eine Reha.«

»Wozu das?«

»Ich habe immer noch kognitive Aussetzer und Probleme mit der Orientierung.«

»Ahhh, verstehe.« Alex' Durchblick war legendär.

»Was verstehst du?«

»Du willst Berufsunfähigkeitsrente kassieren.«

Kathrin zog die Stirn in Falten. »Hast du getrunken?«

»Ne, ist doch noch nicht mal acht.«

»Warum sagst du dann so was?«

»Na, weil das bei fast allen so ist, die jetzt auf langzeitkrank machen. In meiner Abteilung ist auch so eine. War seit neun Monaten nicht auf der Arbeit und chillt stattdessen im Garten.«

»Was soll man denn machen, wenn man Long Covid hat? Die ganze Zeit im Bett liegen?« Kathrins Stimme war laut geworden und hatte offenbar Samuels Aufmerksamkeit erregt. Der hantierte mit seinen Händen vor ihrem Gesicht. Offenbar war er dafür, das Gespräch zu beenden.

»Zumindest nicht lässig in der Hängematte relaxen, während andere ihre Arbeit erledigen.«

»Ähm, sorry. Wir sind im Restaurant angekommen. Ich muss jetzt auflegen«, sagte sie und beendete das Gespräch.

Eigentlich war Kathrin kein Omen-Mensch. Aber erst hatte es geregnet, dann konnte sie den Dom nicht sehen, dann war ihr Tisch besetzt und nun behauptete ihre Freundin, sie würde simulieren, um sich Sozialmittel zu erschleichen. Kathrin wollte es nicht als schlechtes Omen verstehen. Die benebelnde Stimme in ihrem Kopf aber war lauter als ihr Verstand.

Kapitel 40

Bitburg, 31. Oktober 2022

»Valentina hat um 4:02 Uhr das Licht der Welt erblickt.« Kathrin sah die Nachricht nur durch verquollene Schlitze. Seit gestern Abend sah sie in Dreißigminuten-Intervallen auf ihr Handy, um dann wieder für kurze Zeit einzuschlafen. Endlich die gewünschte Nachricht: Sie war Tante geworden. Die Freude war groß, ebenso wie die Liebe. Valentina liebte sie schon lange. Bevor ihre Schwester schwanger geworden war, hätte sie das nie für möglich gehalten. Liebe für ein Kind, das nicht das eigene war. Sie konnte nicht erwarten, diesen neuen Menschen kennenzulernen.

»Samuel, wach auf.« Sie rüttelte an seiner Schulter. »Valentina ist da«, rief sie. Sonst hatte sie ihn sanft aus dem Schlaf geweckt. Diesmal war das unmöglich. Die Aufregung war zu groß.

Der brummte. »Glückwunsch, das ist toll.« Dann schlief er weiter.

»Wie kannst du jetzt schlafen?« Kathrin konnte das nicht. In ihr brodelte es. Sie warf die Bettdecke zurück und stand auf. Zuerst ins Wohnzimmer. Als sie nicht wusste, was sie dort tun sollte, ging sie in die Küche. Erst mal einen Kaffee. Der half beim Denken.

Sie würde ihre Nichte kennenlernen, die auch ihr Patenkind sein würde. Kathrin spürte eine enorme Verantwortung, selbst wenn sie außer Kuscheln und Schmusen vorerst keine verantwortungsvollen Aufgaben würde übernehmen müssen.

Sie stellte ihre Tasse unter den Kaffeeautomaten und drückte auf ›Start‹.

Bei dem Gedanken ans Schmusen stieg ihr Babyduft in die Nase. Sie hatte schon Babys gerochen, aber sie wusste schon jetzt: Kein Duft konnte süßer sein als Valentinas. Es musste so ähnlich sein wie Kuchenduft, wenn ihre Mutter, früher auch ihr Vater, zu Besuch gewesen war. Der unvergleichliche Familienduft, der alles bislang Dagewesene in den Schatten stellte. Der Gedanke traf sie mit voller Wucht. War es genau dieser Duft, der doch noch einen Babywunsch in ihr auslösen konnte? Den Wunsch nach einer eigenen Familie?

Samuel, der vom Dröhnen der Kaffeemaschine wach geworden sein musste, schlurfte in die Küche. Er küsste sie auf die Stirn. »Guten Morgen, Tante.«

Kathrin grinste stolz. Es klang wie ein Adelstitel. Tante Kathrin. Sie nahm die erste Tasse aus dem Automaten und stellte eine neue darunter. Die bereits gefüllte stellte sie zusammen mit der Milch vor Samuel ab. Der saß mit hängenden Schultern am Küchentisch, die Augen noch halb geschlossen. »Danke.«

Sie setzte sich ihm mit ihrer eigenen Tasse gegenüber.

Er wanderte mit seiner rechten Hand über den Tisch und suchte ihre. »Du siehst schön aus.«

Kathrin zog die linke Braue nach oben. »Seit wann sehe ich kurz nach dem Aufstehen schön aus?«

Er schmunzelte. »Also erstens bist du immer schön. Und zweitens siehst du unglaublich stolz aus. Das macht dich noch schöner.«

»Ahhh, ich fühle mich auch stolz. Ich bin Tante.«

Dann sah sie in ihre Kaffeetasse. »Und was, wenn der Babygeruch uns ansteckt?«

Er strich über ihre Hand. »Das kann, glaube ich, nur passieren, wenn man generell gefährdet ist.«

Sie sah zu ihm auf. »Du meinst, wir sind es nicht?«

Er schüttelte den Kopf. »Für uns besteht keine Gefahr. Und falls doch: Was soll's? Das kriegen wir auch noch hin.« Erst jetzt fiel ihr auf, dass er heute das T-Shirt trug, das sie ihm zu seinem Geburtstag geschenkt hatte. Aufgedruckt war ein kleines ›Langnese‹-Herz knapp über der Brust, unter dem stand: ›Choose happier together‹.

Seine Zuversicht machte ihr Mut. Wie auch immer die babyhaften Pheromone auf sie wirken würden: Sie würden gemeinsam glücklicher sein.

»O mein Gott. Ist die süß. Guck mal, Samuel. Ist sie nicht wunderschön?« Kathrin hätte es nicht leugnen können. Weder vor anderen noch vor sich selbst. Sie war verliebt in dieses kleine Bündel in ihrem Arm.

Samuel lächelte. »Wirklich süß.«

»Willst du sie auch mal halten?«, fragte Kathrin.

»Ach, weiß du …«

Wollte er nicht. Noch nicht. Vielleicht hatte er doch Angst, angesteckt zu werden. Sie selbst war immun. Das wusste sie jetzt. Sie konnte dieses Kind lieben, ohne selbst Babys bekommen zu wollen. Einfach so.

Kapitel 41

Bitburg, 2. November 2022

»Wir kommen wohl nie voneinander los.« Kathrin verschluckte sich an ihrer Weißweinschorle. Hustete. Holte Luft. Hustete noch einmal. Zwischendurch sah sie immer wieder auf das leuchtende Display ihres Smartphones. Phillip.
Sie hatte es sich mit einem Buch auf ihrer Couch gemütlich gemacht. Strohwitwenwochenende. Ein Buch, eine Kerze, die Schorle. Einer fehlte. Samuel war das Wochenende über zu seiner Familie nach Heidelberg gefahren. Auch wenn sie inzwischen seit drei Jahren ein Paar waren, vermisste sie Samuel noch immer, wenn er nicht bei ihr war. Nicht, weil sie nicht auch ohne ihn eine schöne Zeit haben konnte. Das konnte sie. Es war eine andere Form des Vermissens. Wahrscheinlich Liebe. Und trotzdem brachte diese Nachricht von Phillip sie wieder aus der Ruhe. Eine Unruhe, die sich nicht zurückdrängen ließ. Sie wollte das nicht. Sein Einfluss auf ihre Gefühlslage war ungebrochen. Und unerklärlich. Am liebsten wäre es ihr gewesen, wenn sie die Nachricht gelassen löschen und sich wieder ihrem Buch widmen könnte. Aber das konnte sie nicht.

Wann hört das endlich auf?

Ihre innere Stimme fragte sich, ob es ihm gut ging.

Sie nahm ihr Smartphone in die Hand und tippte: »Steckt deine Beziehung in einer Krise?«

Es war nicht so, dass sie das wollte. Sie wünschte ihm Glück. Genau wie sich selbst.

»Der Alkohol hat aus mir gesprochen.«

Kathrin legte ihr Handy auf ihre Oberschenkel. Natürlich war es der Alkohol. Es war *immer* der Alkohol. Aber war es bei Alkoholisierten nicht genauso wie bei kleinen Kindern? Sie sagten immer die Wahrheit. Vielleicht ging es ihm wie Kathrin früher in ihrer unglücklichen Ehe. Bei jeder Meinungsverschiedenheit, bei jedem Streit, fragte er sich, wie Kathrin reagiert hätte. Während ihrer kurzen Bekanntschaft hatten sie nie gestritten. Es fehlte an Gelegenheiten. Wahrscheinlich hing Phillip, wie sie selbst lange Zeit, an einer idealisierten Vorstellung von Liebe. Die Kathrin von früher gab es längst nicht mehr. Das musste sie ihm klarmachen. Auch sich selbst musste sie davon überzeugen, dass der Teenager-Phillip erwachsen geworden war. Erst dann würden beide Ruhe finden.

»Ich muss ihn treffen«, sagte Kathrin, noch ehe Samuel die Türschwelle übertreten hatte. »Phillip.«

»Bekomme ich erst mal einen Kuss?«, fragte Samuel.

Sie gab ihm einen, der so flüchtig war, dass er kaum bei ihm angekommen sein dürfte.

Samuel atmete hörbar aus, knallte die Tür zu, zog seine Schuhe aus und sagte, während er in die Küche ging: »Warum musst du ihn denn treffen?«

»Er hat mir geschrieben.«

»Und zwar?«

»Dass wir nie voneinander loskommen.«

Er nahm eine Wasserflasche und drehte am Verschluss. Es machte laut *zisch*. Doch bevor er sich einschenkte, stellte er die Flasche zur Seite, ging auf sie zu und nahm ihre Hände. »Das wäre eher ein Grund, ihn nicht zu treffen.«

»Bist du eifersüchtig?«

»Ich würde es eher genervt nennen.«

»Vielleicht kommen wir wirklich nie voneinander los, wenn wir uns nicht endlich treffen. Wir müssen uns entzaubern.«

Er atmete erneut spürbar gereizt aus, ließ ihre Hände los und ging wieder zur Wasserflasche. Er goss mit so viel Schwung

Wasser in sein Glas, dass ein Teil davon überschwappte. Dann trank er es in großen Schlucken aus.

Während er trank, redete Kathrin weiter. »Er war ja gar nicht in meinem Kopf. All die Monate warst da nur du. Und dann schreibt er wieder. Irgendwie muss ich ihn doch da rausbekommen.« Sie klopfte gegen ihren Schädel. »Er ist diese Art Traummann, dessen Geist mich nun mein halbes Leben lang begleitet.«

Samuel wischte mit seinem Ärmel über seinen feuchten Mund. »Ich hatte gehofft, dass *ich* inzwischen als Traummann in deinem Kopf angekommen wäre.«

»Das bist du ja auch, es ist nur …«

»Kannst du nicht einfach ein Buch schreiben und das Ganze darin verarbeiten?«

Kathrin senkte ihr Kinn. »Ich schreibe Werbetexte und Rezensionen. Wie zum Teufel soll ich ein Buch schreiben?«

Er sah auf die Küchenfliesen, auf denen noch die beiden Kaffeeflecken waren, die Kathrin heute Nachmittag verplempert hatte. Eigentlich hatte sie die gleich wegwischen wollen. Aber dann hatte ein Gedanke sie abgelenkt. So war das immer mit den Gedanken. Sie lenkten vom Wesentlichen ab.

»Du weißt doch, dass ich dich liebe. Du musst dir keine Gedanken machen.« Kathrin rieb über seine Oberarme. Ihre Liebe zu ihm war eines der wenigen Dinge, die sie sicher wusste.

»Du hast ihn seit fünfzehn Jahren nicht mehr gesehen. Kannst du es nicht einfach gut sein lassen?«

»Heißt das, du willst nicht, dass ich mich mit ihm treffe?«

»Ich schreibe dir nichts vor.«

»Nein, du *sagst* es nicht. Und trotzdem bist du dagegen. Du könntest auch einfach mal aussprechen, was du darüber denkst.« In den vergangenen drei Jahren hatte er immer versucht, Meinungsverschiedenheiten abzuwenden, noch bevor Streit daraus entstehen konnte. Kathrin war nie wirklich sicher gewesen, ob er das aus Überzeugung tat oder weil er konfliktscheu oder harmoniesüchtig war.

»Also schön. Ich will nicht, dass du dich mit ihm triffst.«

»Das kannst du mir nicht vorschreiben«, rief Kathrin. Ihre Stimme klang ein wenig schrill. Was merkwürdig war, weil sie seit Jahren nicht mehr laut geworden war.

Samuel zog die Augenbrauen zueinander. »Du hast doch gerade gesagt, ich soll es aussprechen.« Er sah verwirrt aus, ein wenig verzweifelt sogar.

Er hat recht.

Sie verlangte Unmögliches von ihrer Liebe: Er sollte ihr zuhören und gleichzeitig den tiefen Schmerz zwischen ihren Zeilen spüren. Ein auswegloses Unterfangen. Kathrin rieb sich mit dem Handrücken über die Stirn. »Es tut mir leid. Ich bin völlig irrational.«

Kathrins Sicht verschwamm wieder vor ihrem inneren Auge. Gedanken und Gefühle gingen nicht mehr synchron. Sie sagte das eine und meinte das andere. Sie wollte die Klarheit. Den Verstand. Keine Vernebelung. Aber irgendetwas in ihr drinnen vernebelte alles.

Kathrin rannte. Sie hatte keine Tasche dabei. Keine Wechselsachen. Noch nicht einmal ihren Ausweis. Sie wollte zu ihrer Mutter, um sich selbst Klarheit zu verschaffen. Als könnte sie vor ihren Gedanken fliehen. An diesem Punkt ahnte sie nicht, dass sie ihr folgen würden.

Ihr Hirn dachte unentwegt. Inzwischen war nicht nur ihr Verstand vernebelt, sondern auch ihre Sicht. Tränen füllten ihre Augen.

Wann hört das endlich auf?

Der ewige Chorus begann wieder von vorn, so, als hätten keine Jahre zwischen ihnen gelegen. Wie konnte Phillip weiterhin derart präsent sein?

Kathrin fädelte zitternd den Autoschlüssel ins Türschloss und öffnete mit Schwung die Tür. Ihre Lippe zitterte.

Atmen. Ein. Aus. Sie zog den Ärmel aus ihrem Mantel hervor und wischte die Tränen von ihrer Wange.

Sie wollte gar nicht gehen. Samuel war ihr Gegenstück. Das spürte sie instinktiv. Sie fühlte eine Schuld, die sie wie ein zu klein geratenes Paar Schuhe einengte. Sie förderten schmerzende Blasen zutage.

Gerade weil sie mit Samuel uneingeschränkt glücklich sein wollte, musste sie frei sein im Kopf. Frei sein von Phillip. Mit immer noch zitternden Fingern steckte sie den Schlüssel ins Zündschloss. Das Auto heulte laut auf, als sie auf das Gaspedal trat. Gang einlegen. Dann fuhr sie in die Dunkelheit und kämpfte sich mit Silbermond durch die Nacht.

Kathrin lag auf ihrem alten Bett, den Kopf auf ihre verschränkten Arme gebettet, und starrte an die Decke. Ihre Mutter hatte wissen wollen, ob sie sich gestritten hatten, und sich dann mit ihrer knappen Antwort »Nein, ich muss nur mal nachdenken« zufriedengegeben. Kathrin hatte nach all den Jahren noch immer ein Zimmer bei ihr. Es war ihr Zufluchtsort geblieben. In den vergangenen drei Jahren hätte sie sich nicht vorstellen können, jemals einen Unterschlupf zu brauchen. Bis gestern war ihr Leben noch eine Glücksoase gewesen. Nicht perfekt. Wie all die Dinge, die besonders waren. Sie liebte ihr unperfektes Leben mit sämtlichen denkbaren Facetten. Und nun hatte Phillip es erneut aus der Bahn geworfen.

Ihre Hände zitterten immer noch. Ihr Verstand war kaum klarer. Was konnte sie tun, um gedanklich nicht immer wieder bei ihrer Jugendliebe anzukommen?

Und wenn sie nie Frieden finden würde? Wer garantierte ihr, dass das alles aufhören würde, wenn sie Phillip getroffen hätte? Eine Beziehung mit ihm wollte sie nicht. Zumindest was das anging, war Kathrin inzwischen sicher. Sie redete sich ein, dass er mit der Zeit mindestens die Hälfte seines Humors eingebüßt haben musste. War er überhaupt humorvoll gewesen? Wahrscheinlich war er es nie. Kathrin musste ihn von seinem Sockel stoßen, um ihre Gedanken wieder nur für sich zu haben.

Sie setzte sich auf und verschränkte ihre Beine zum Schneidersitz. Wenn es jemanden gab, der ihren Blick klären konnte, war das Alex. Sie war die Einzige, die Phillip in all den Jahren kritisiert hatte. Kathrin nahm ihr Smartphone vom Nachttischschrank und wählte die Nummer.

»Alles okay?«, fragte Alex ohne Begrüßung. Kathrin wurde erst dann klar, wie spät es war. Offenbar dachte Alex, dass etwas passiert sein musste.

»Entschuldige, dass ich dich so spät noch störe. Ich muss mit jemandem reden. Es geht um Phillip.«

Alex stöhnte.

»Ich weiß, du magst ihn nicht.«

»Du vielleicht auch nicht«, murmelte sie leise.

»Er hat wieder geschrieben.« Kathrin wartete einen Moment auf eine Reaktion. Es kam keine. »Er meinte, wir kommen vielleicht nie voneinander los.«

»Und ist das so?«, fragte Alex.

»Wie meinst du das?«

»Kommst du nie von ihm los? Die Frage kannst nur du beantworten.«

»Ich weiß es nicht.« Kathrin meinte das aufrichtig. In Bezug auf Phillip fühlte sie sich manchmal wie eine Abhängige. Ihr Verstand wusste, dass er ihr nicht guttat. Aber manchmal ließ sich ihre Vernunft von Gefühlen in die Ecke drängen.

»Wie oft hast du denn in letzter Zeit an ihn gedacht?«

»Nicht sehr oft.«

»Und warum nicht?«

»Ich weiß nicht. Vielleicht, weil ich keine Zeit hatte. Neben Samuel, Valentina, den Mädels und dem Job bleibt einfach keine Zeit, um an ihn zu denken.«

»Warum glaubst du, ist das so?«, fragte Alex streng und erinnerte Kathrin damit an ihre frühere Biologielehrerin. Die wurde auch immer lauter, wenn die Antwort zum Greifen nahe schien und die Schüler nicht mutig genug waren, gedanklich den nächsten Schritt zu gehen.

Kathrin wurde unsicher. Das kam nicht oft vor. »Ich weiß nicht.«

»Weil du jetzt *glücklich* bist, Kathrin«, rief Alex fast so laut, als würde sie es in Kathrins Hirn einhämmern wollen. »Du brauchst Phillip nicht mehr, weil du *endlich* glücklich bist.«

Kathrin hielt sich die Hand vor ihre zitternden Lippen. Dann kamen die Tränen.

»Hast du dich denn nie gefragt, wann Phillip in deinen Gedanken aufgetaucht ist? Wenn du unglücklich warst. Während der Beziehung mit Martin. Oder als du im Brautladen den jungen, krebskranken Verlobten getroffen hast. Oder die beiden Vorruheständler, die die gleiche tragische Geschichte hatten wie du. Immer dann, wenn dir etwas gefehlt hat in deiner Beziehung oder in deinem Leben. Nur *dann* ist Phillip aufgetaucht wie ein nicht zu bekämpfender, immer wiederkehrender Hautausschlag.«

Vielleicht hatte sie recht.

»Lass ihn endlich los, Kaddy. Du brauchst ihn nicht mehr.«

Und *wenn* es stimmte? Sie brauchte Phillip tatsächlich nicht mehr. Samuel war der Mann, mit dem sie bis an ihr Lebensende zusammenbleiben wollte. Wenn sie einen Mann in ihrem Leben sah, war er es.

Sie verabschiedete sich von Alex mit dem Versprechen, die Liebe ihres Lebens nicht wegen eines *Hautausschlags* zu gefährden.

Kathrin ließ sich in ihre Kissen sinken, kniff die Augen zusammen und wiederholte immer wieder einen Satz: »Ich will mit Samuel alt werden. Nur mit ihm will ich alt werden.«

Es stimmte. Und trotzdem plagte sie der Gedanke, dass sie Phillip vielleicht nie wiedersehen würde. Dass ihre Geschichte ein offenes Ende bekommen würde. Kathrin hasste offene Enden. Alles musste einen vernünftigen Abschluss haben. Vor allem die Liebe.

Kapitel 42

Bitburg, 3. November 2022

»Ihre Schädigungen am Gehirn sind irreversibel. Es tut mir leid.« Der Arzt sprach ruhig. Seine Lippen waren fest aufeinandergepresst.

Kathrin lag auf dem Krankenbett und sah friedlich aus. Nicht tot. Nur schlafend.

»Sie ist doch noch so jung«, schluchzte ihre Mutter und hielt ihre weinende jüngere Tochter im Arm.

»Daran bin ich schuld«, sagte Samuel, der neben ihrem Bett saß und seinen Kopf auf Kathrins Hand legte. »Ich hätte die Anzeichen sehen sollen«, sagte er weinend. »Sie war völlig verändert gestern. Warum ist mir das nicht aufgefallen?«

»Einen Schlaganfall bei Frauen zu erkennen, noch dazu, wenn sie so jung sind, ist extrem schwierig«, antwortete der Arzt. »Machen Sie sich keine Vorwürfe. Nicht einmal erfahrene Ärzte erkennen die Anzeichen zuverlässig.«

Samuel weinte in ihre warme Hand. »Aber ich bin ihr Seelenverwandter. Wir wissen alles voneinander. Ich hätte es fühlen sollen.« Er wusste tatsächlich alles von ihr. Seit drei Jahren waren sie höchstens an einigen Wochenenden voneinander getrennt gewesen. Er kannte sie besser als sich selbst. Sie hatte ihm von den Schlaganfallvorboten vor ein paar Jahren erzählt.

Er wusste all das. Warum hatte er nichts geahnt? Er hätte ihr helfen können.

Sarahs Mann hockte sich hinter Samuel, legte seine Hand auf seinen Rücken und strich immer wieder darüber.

»Ich will nicht, dass sie tot ist. Wir wollten noch so viel erleben. Wir haben Flüge auf die Malediven gebucht. Nächstes Jahr sollte es endlich so weit sein. Sogar die Reservierung im Unterwasserrestaurant haben wir schon gemacht.« Er zog laut seinen Rotz nach oben. »Darauf freuen wir uns seit drei Jahren.« Damit hatte alles angefangen.

Kathrins Mutter weinte laut auf. Es war so herzzerreißend, dass selbst der Arzt schlucken musste. Schlaganfälle gab es hier sicher oft. Todesfälle garantiert auch. Aber selten waren die Verstorbenen in ihren Dreißigern.

»Lieber Gott, lass das nicht wahr sein«, schluchzte ihre Mutter, die nie an Gott geglaubt hatte. Aber in der größten Not griff man nach jedem Strohhalm, um Dinge zu bekommen, die man nicht kriegen konnte. »Lass das alles nur ein böser Traum sein.«

Atmen. Ein. Aus. Ein. Große, wässrige Augen blickten starr an die Decke. Ihr Herz schlug heftig. Sie hielt sich mit der Hand an die Brust und atmete tief durch. Sie atmete so laut, dass sie meinte, ihre Mutter könnte es hören. »O nein!«

Kathrin fühlte ihren Puls, um sich zu vergewissern, dass sie tatsächlich lebte. Das war beinahe überflüssig, weil ihr Herz so erbarmungslos schlug. »O nein«, wiederholte sie weinend und setzte sich auf. »Ich lebe.« In ihrem Traum war sie tot gewesen. Doch es war nicht mehr als das gewesen. Ein Traum. Vielleicht ihr Weckruf.

Eilig warf sie die Bettdecke zurück und knipste die Nachttischlampe an. Dann griff sie nach ihrer Hose und fädelte ihren Fuß ins rechte Hosenbein. Plötzlich wurde alles schwarz vor ihren Augen. Zu schnell aufgestanden. Sie ließ sich aufs Bett sinken und schlüpfte in das andere Hosenbein, während sie auf klare Sicht wartete. Ihr Shirt war schweißnass, aber das war ihr egal. Sie nahm ihr Handy vom Nachttischschrank, auf dem noch eine ungelesene Nachricht von Samuel aufleuchtete.

»Ich liebe dich«, hatte er geschrieben.

»Ich dich doch auch«, seufzte Kathrin. Erst jetzt wurde alles klar. Sie hatte es immer gewusst und gefühlt. Endlich hatten ein Telefonat und ein Traum ihr Klarheit verschafft.

Sie steckte das Handy in ihre Hose und schlich leise nach draußen, um ihre Mutter nicht zu wecken. Das war jedoch unnötig, weil die wie ein Geist in ihrem Nachthemd durch den Flur huschte.

»Alles in Ordnung?«, fragte sie. Die Besorgnis in ihren Augen war übergroß. Wahrscheinlich hatte sie keine Sekunde Schlaf gehabt in dieser Nacht. Kathrin verfluchte sich innerlich.

»Jetzt ist alles klar«, sagte Kathrin lächelnd, gab ihr einen Kuss auf die Stirn. »Tut mir leid, dass ich dich wachgehalten habe.«

»Ach was«, sagte ihre Mutter und winkte ab. In ihren Augen stand Erleichterung.

Kathrin verschwand in den finsteren Morgen. Es war erst vier. Viel zur früh, um schon von einem Morgen zu reden. Aber zu spät, um noch von einer Nacht ausgehen zu können. Eine angenehme Temperatur. Ungewöhnlich mild für diese Jahreszeit. Alles fühlte sich mit einem Mal richtig an. Sie lebte. Das war alles, was zählte. Mit dem Wechsel der Tageszeiten verschwand auch das unglückselige Lied von Silbermond aus ihrem Kopf. Ersetzt wurde es von Grönemeyers ›Sekundenglück‹.

Über den Feldern lag ein zarter Nebel. Nicht mystisch oder geheimnisvoll, sondern willkommen heißend und hoffnungsvoll. Ein neuer Morgen. Endlich war alles klar. Ihre Sicht. Die Dinge. Alles.

Kathrin lachte. Es standen erneut Tränen in ihren Augen. Diesmal Tränen des Glücks.

Kathrin nahm zwei Stufen auf einmal, um zu ihm zu kommen. Zitternd versuchte sie, den Schlüssel in das Schlüsselloch zu fädeln. Es gelang ihr nicht. Er fiel zu Boden. Kathrin bückte sich, um ihn aufzuheben. Noch ehe sie aufstehen konnte, öffnete sich die Tür. Samuel stand da. In der Jeans vom Vorabend öffnete er die Tür. Wie es aussah, hatte keiner von ihnen in dieser Nacht schlafen können.

Kathrin kam langsam hoch. Wieder diese Tränen. Diesmal vor allem aus Scham. »Es tut mir leid«, sagte sie.

Er nahm sie in den Arm. So fest, wie er sie nie zuvor gehalten hatte. So fest, dass ihr fast die Luft wegblieb. Sie liebte es. Alex hatte absolut Recht mit ihrer Annahme: Sie war endlich glücklich. Samuel machte sie glücklich.

»Ich war tot«, sagte sie mit erstickter Stimme.

»Was?«, fragte er und löste sie aus der Umklammerung. Er verschloss die Tür und sah sie mit dem gleichen skeptischen Blick an, der auch am Vorabend auf seinem Gesicht gestanden hatte.

»Das habe ich geträumt«, sagte sie und zog ihn mit sich auf die Couch.

»Du hast geträumt, dass du tot bist?« Er wirkte noch müder.

»Ja, und es fühlte sich so real an. Meine Mutter war da und meine Schwester. Und du …«

Er strich über ihre Hand.

»Du hast gesagt, dass wir noch nie auf den Malediven waren und ich finde, du – also er – hatte recht.«

»Der Traum-Samuel?«, fragte er. Hinter den müden Augen stand auch ein kleines Lächeln.

»Ja. Seit Jahren reden wir davon. Aber wir tun es nicht. Ich könnte morgen schon tot sein, oder du. Und wir waren nie dort. Ich will jeden Tag mit dir genießen. Ich will mit dir auf diese Insel. Und ich will in dieses Unterwasser-Restaurant.«

»Also schön. Wir buchen morgen. Lass uns hoffen, dass uns nicht wieder ein Virus dazwischenkommt.«

Kathrin war längst nicht fertig. Sie tippte mit dem Finger in die Luft. »Und ich will mit dir nach Albanien.«

Er stutzte. »Was gibt's da?«

»Da gibt's eine Schwarze Höhle, die ich unbedingt besuchen möchte.«

»Ich wusste nicht, dass du Höhlen magst.«

Vielleicht mochte Kathrin sie nicht, aber sie wollte trotzdem hin. »Und ich mag Bunker.«

»Tatsächlich.«

»Ich will es nur mal sehen. Will sehen, wie die Betonhügel wie Pocken die Landschaft verwandeln.« Sie schluckte. »Aber das ist nicht das Wichtigste.«

»Was könnte wichtiger sein als pockenartige Bunker?«

»Ich will das alles mit *dir* erleben. Nur du bist mir wichtig.«

Skepsis stand in seinem Gesicht. Er musste es nur aussprechen: »Und dieser Phillip?«

Sie presste die Lippen aufeinander. »Ich glaube, dass unsere Träume die Spiegel unserer Seele sind. In meinem Traum gab es keinen Phillip. Da warst nur du.« Sie kratzte sich am Kopf. »Na ja, und meine Familie. Aber das Wichtigste ist, dass es mir nun klar geworden ist.«

Er strich sanft über ihren Oberschenkel. »Und wenn du morgen von Phillip träumst?«

Sie schüttelte ihren Kopf. »Ich will nicht länger in der Vergangenheit leben, sondern im Jetzt. Und wenn das Leben noch so kurz sein mag.«

»Was ist, wenn er wieder schreibt?« Er ließ die Kernfrage im Raum. Die, die permanent über ihnen schwebte. Die, die noch immer nicht gelöst war, sondern nur aufgeschoben. Was wäre, wenn er wieder schreiben würde? Und wieder und wieder?

Sie nahm ihr Handy vom Couchtisch und suchte seinen Kontakt. Diesmal würde sie seine Nummer nicht nur löschen, sondern auch blockieren. Kontakt: blockiert. Xing: blockiert. Facebook: blockiert.

Er *konnte* ihr nicht mehr schreiben. Und sie *würde* ihm nicht mehr schreiben.

Aber da war noch mehr. »Wir werden tun, wozu du mir geraten hast.« Sie nickte. »Zur Vergangenheitsbewältigung. Zur seelischen Aussöhnung mit mir selbst.«

»Daran müsstest du mich noch einmal erinnern.«

»Wir schreiben ein Buch.«

Epilog

Kathrin und Samuel waren im vergangenen Jahr auf den Malediven. Sie lieben sich noch immer und haben nicht die geringste Absicht, ihr Glück von Textnachrichten aus dem Takt bringen zu lassen.

PLAYLIST

1. **DURCH DIE NACHT**
   Silbermond
2. **WHERE IS THE LOVE?**
   The Black Eyed Peas
3. **WONDERWALL**
   Oasis
4. **SEXY BACK**
   Justin Timberlake
5. **I'LL BE THERE FOR YOU**
   The Rembrandts
6. **DAS BESTE**
   Silbermond
7. **DENKMAL**
   Wir sind Helden
8. **'54, '74, '90, 2010**
   Sportfreunde Stiller
9. **SYMOPHONIE**
   Silbermond
10. **JA**
    Silbermond
11. **FIX YOU**
    Cold Play
12. **ALL OF ME**
    John Legend
13. **SEKUNDENGLÜCK**
    Herbert Grönemeyer

Printed in Poland
by Amazon Fulfillment
Poland Sp. z o.o., Wrocław

26774020R00137